沈祖芸 杨 雄——主编

课堂里走出教育家

崔永元与北京十一学校优秀教师『实话实说』

中国人民大学出版社
·北京·

序

／

崔永元

／

能了解到北京市十一学校，是一个很偶然的事情。我们和教育部基础教育司联系，说节目里想介绍几所好的学校，不知有没有。这种问法，让基础教育司的同志产生很大反感，他们说："怎么没有？有的是。但是，你们只愿意报道不好的学校，吸引别人的眼球。"我们当然不服，说："哪有好的学校？不都是应试教育，千军万马过独木桥，学生把老师当神、当皇帝，老师把孩子当人质吗？"基础教育司的同志很有耐心，他没有和我们再争论下去，而是开了几所学校的名字：杜郎口中学、鹿泉一中、北京十一学校……

这样，我们才开始走进一批让人仰慕的学校，见到一批让人仰慕的校长和老师，见识了一批让人仰慕和尊敬的学生。了解十一学校以后，我像着了魔一样，在网上搜与学校有关的消息，到书店买与学校有关的书。好在十一学校的同学还接纳我，我有幸跑到学校参加了几回活动，感受很深。他们的脸上分明写着：学校是我的，欢迎你来到我的学校。

以后，学校每年举办"课堂里走出教育家"活动时，我都请求担任主持，不为别的，就为了去现场见见那些老师，听听他们走下神坛后内心的感受。说起来都大同小异，做起来却比登天还难。首先，每个老师都没了自己的三尺讲台，身体没依靠，他们直挺挺地出现在学生面前。而这三尺讲台，过去就是学生和老师间的万里长城。没了万里长城，每个孩子都像孟姜女一样有成就感。同时，失踪的还有老师的办公室。每个老师都有一个课桌，就在教室里。教室既是学生的教室，也是老师的办公室，孩子们有问题就回到自己的教室，直接和老师面对面促膝交谈。不要小看这三尺讲台的离去，少了这一层的隔阂，从戏剧原则上，就从布莱希特变成了斯坦尼斯拉夫斯基。打成一片的老师和孩子，其中更受考验的还是老师这一方。当孩子无拘无束时，他们会提出无数的问题，而且绝大部分问题都是书本以外的。这个时候，老师非常想要的一个权力是，可以对着孩子说：“对不起，我不知道，我们一起研究，一起寻找答案。”

当你走进十一校园时，孩子对老师没有老鼠见猫那样的胆战心惊，也没有小猫见老猫的无限依靠。他们之间的关系就像一个老鼠和另一个老鼠，一个猫和另一个猫，一个小猫和一个小猫，一个老猫和一个老猫。记得我每次主持的时候，当老师讲完走下台时，我都会在休息区问他们几个问题，有些问题是我学生时代就憋在心里的，想想那时问不出口，通常是因为胆怯，因为害怕，因为没有机会，这一憋就是几十年。现在，终于有机会把这些问题问了出来，我发现老师们回答问题的方式已经有了天大的变化。他们并不会直接告诉你答案，而是首先请你谈对这件事的看法，然后想办法告诉你了解事情的途径和方式。这种畅快的交流，虽然感受不到有问必答的痛快，但是可以感受到独立思考并且找到答案的喜悦。

十一学校的老师是幸运的，因为他们有一个开明的校长，他们在做教师的美好年华中，体会了别样的做教师的快乐。十一学校的孩子也是幸运的，他们在十年寒窗的日子里，体会了别样的学习的艰难和快乐。他们正学着做主人，做班级的主人、学校的主人、学生会的主人、学校社团的主人、管理学校的主人、参与社会的主人、国家的主人。这种体验是难得的，同时也是独特的，一定程度上讲，是伟大的。

现在“课堂里走出教育家”要结集出版了，我确实有这几句话想写在前面。我知道自己没有可能再重新上一次像十一学校这么好的中学了。但是，我知道还存在着另外一种可能，就是全中国的学校都变得像十一学校这样独特、这样有风格。

目录

I

这个时代需要怎样的教师？

时间

2014年12月29日

地点

北京 · 中国人民解放军国防大学礼堂

主持人

崔永元：中国传媒大学教授

对话嘉宾

王春易：北京十一学校化学教师

闫存林：北京十一学校语文教师

周志英：北京十一学校数学教师

王春易

/

最美的风景
永远在下一次挑战中

/

崔永元 / 大家好！北京十一学校的领导很重视三位老师的教学研讨会，怎么体现重视呢？学校请我来主持。（笑）当然，我也特别愿意来主持，因为借这个机会，我可以听听好老师是怎么上课的。

我觉得这三位老师有一个共同点，那就是爱教育、爱学生，说通俗一点儿，就是他们把学生当人。为什么要把学生当人？因为教育就是育人，就是希望学生长大成人。

第一位和我们分享教育心得的是王春易老师，她是教生物的。我们先认识一下王春易老师，一起看个短片。

/ 播放短片《与过去告别——王春易老师的变革之路》/

王春易 / 我 1988 年从师范大学毕业。我认为教师的天职就是讲课，而且应该把课讲好。我是学生物的，之所以选择生物系，实际上也是源于我高中时候的生物老师，他的课就讲得特别好，特别生动，特别形象。我当时就想：我一定要这样上生物课。毕业后，走上讲台，我特别享受讲课的过程，看到学生们那么兴奋，那么欣赏我，那么喜欢这门课，我就把辛苦全都忘了，高兴得不得了。我觉得当老师最快乐的时候就是在课堂上。

在这个过程中，我拥有了自信，也获得了很多荣誉。2008年，十一学校提出“课堂成长年”的理念，强调“课堂是学生学习的舞台，不是教师展示自我的地方”。我当时就蒙了。我觉得我付出的所有努力都是为了在课堂上进行精彩的展示，怎么课堂就不是我的舞台了呢？那是我生命中最放光彩的地方了，怎么这地方就不是我的了呢？我觉得自己一下子没了支柱。在那段时间里，我整宿整宿睡不好，经常失眠，十分焦虑。是变还是不变？我心里不知道纠结过多少次。

当我还一如既往地去讲课的时候，我发现学生们是在悄悄地发生改变的。孩子们现在获得知识的渠道比过去丰富了很多，我精心设计的很多东西实际上对孩子来说并不新鲜，并不能达到我预期的效果。甚至我付出了很多努力送到高校的学生们反馈给我的信息，也不是我想听到的。他们对大学生活不是特别满意，认为大学老师讲课不如我这个中学老师讲得好。当大学老师不再像我们这些中学老师这么细致、周到、全面地去讲述知识的时候，学生很不适应，因为他们没有学习能力。我开始反思：课堂究竟是谁的课堂？教育的价值又体现在哪里？我想，我可能真的该变一变了。

生命科学属于实验科学，我决定从生物教学的本质入手，让孩子在体验中学习，在动手做中学习，这时候我感觉天地好像一下子变宽了，我知道该从哪儿突破了。就在我们想大幅度增加实验，让学生在体验中进行学习的时候，刚好学校开始建设学科教室。我们的生物教室应该是什么样子的呢？这里应该有生命，有生机。我最早是把家里的一盆花搬了过来，之后又搬来很多小鱼及各种各样的花卉。此外，我们还把过去我们可能藏在柜子里头的模型、教具、标本全部都展示出来。学生走进教室后，他看到、触碰到这些时，他就会有思考，就会有疑问，就会有交流。实际上，这就是一个学习的过程。实验和体验活动增多，对我们的课时和进度产生了比较大的影响，我们没有时间再像过去那样一课时一课时地去完成教学流程。我们只能进行课程整合，这样我们就从课时教学走向了单元教学。

刚开始时，有些学生并不是特别认可这样的教学方式，因为他们听老师讲听习惯了。

北京十一学校 2012 届毕业生张梦非 / 王春易老师说她不讲了，把课堂全部交给我们。我们当时确实有一些不适应，很多人还出现了相当大的情绪波动。

王春易 / 学生当时还没有自主学习能力，学习效率确实不高，成绩也有所下滑。学生们开始有些不满，有点儿埋怨。

北京十一学校 2012 届毕业生高岩 / 大家会有一些质疑，认为这样一位会讲的老师不该把课堂完全交给我们，认为我们的成绩没有了保证。

王春易 / 当孩子们有不满情绪的时候，家长也会焦虑，也会不满。我要是还像过去那样讲课，是把我最好的一面展现给学生，结果现在，我把最好的一面踩到脚底下去了，而展现给别人的都是不成熟的一面。我感觉自己像是刚从泥浆里爬起来，浑身泥泞。我当时伤心死了，不知道哭过多少次，流了多少眼泪。在整个变革过程中，当我们特别纠结，不知道自己做得对还是不对的时候，支持我们走下去的实际上是来自学生的那一份认可和信任。我记得有一次我们翻阅学生的反馈问卷，有一个孩子写的话就像一个火种一样，一下子就点燃了我们，让我们激动不已。他在问卷中写道：“虽然这样的自主学习时间并不长，但我已经逐渐掌握了阅读的方式。我感觉自己在获得一种自主学习的能力，好像也理解了老师之所以这样做的良苦用心。”我一下子就受不了了，眼泪都流下来了。

我们一直在思考怎么帮助学生学会自主学习，后来我们开始尝试为学生搭建平台。比如，我为学生编了一个“学习规划书”，在这个规划书里，我们告诉学生每个单元包含了哪些内容，我们要用多长时间进行学习，我们课上大概要做什么，课下要做什么。我们以此来引导学生规划自己的学习。而且，我们会跟学生提前沟通好评价方式，让学生知道哪些环节是关键环节，要做好准备。在自主学习过程中，学生可能会有很多问题，我们还为学生搭建了一个平台，那就是小组之间的合作学习。学生通过小组之间的交流、分享，可以解决在自主学习过程中没能学通、没能学透的一些内容。

我每天跟学生朝夕相处，能感觉到学生在进步，而且是在不同层面上取得进步。孩子们会阅读了，会做笔记了，会画图了，做作业时有反思了，试卷反馈得特别详尽了，作业里都夹带着问题条了，提出的问题超出了课本的范畴……所有这一切都让我欣喜若狂，我感觉每个学生的思维都被激活了。现在，我感觉自己像获得了新生一样。我很庆幸做出这样一个选择，否则我后半生的职业生涯就是在重复我自己。

现在，除了在学科教学上继续探索外，我还开始尝试探索学部的管理。我之前没有完整地做过一轮班主任，管理一个学部对我来说压力是巨大的。我感觉管理学部是在一个更大的平台上关注学生。北京十一学校这几年发生了很大的变化，我们没有了行政班，也没有了班主任。在这样一个相对比较开放的管理模式下，如何激发学生内在的动力，如何关注每个学生的进步和成长，是我们面临的巨大挑战。我们最大的愿望就是帮助学生发现自己的潜能，明晰心中的目标，找到属于自己的路，并在这条路上健康、快乐地成长。

崔永元 / 这个短片大概有十分钟。如果我们的电视台每天抽出十分钟播放一位优秀教师的经历，我们国家的教育肯定会比现在更好。看这个短片时，我心里面一会儿上天、一会儿入地，最让我难受的是王春易老师说的一句话，那就是她的学生反映，大学老师讲课不如中学老师讲得好。上台后我好不容易有了点儿自信，一下子又被打回去了。让我感到欣慰的是，王春易老师又说了一句话：“在那段时间里，我整宿整宿睡不好，经常失眠，十分焦虑。”如此看来，我觉得自己还是有希望的。

我记得我在中国传媒大学上大学的时候，有一门课是“广播电视技术”。教材发下来后我一翻就觉得我不能上这个课，因为书里全是各种各样的图。你们知道，我买西瓜都算不过来账，怎么可能上这门课？所以，这个课我从头到尾都逃了，但是还得参加考试。考试的时候我第一个赶到考场，大家知道为什么吗？因为教室开门后我可以直接坐到最后一排，监考老师就看不到我了。我们学校的楼道比较旧，墙上有一个小孔，用脚一踩，就往上飞一点儿水泥粉，我就在那儿不停地踩。旁边的人问我：“好玩儿吗？”我说：“挺好玩儿的。”我也不认识这个人，没话找话嘛。我说：“今天是哪个人监考？”他说：“就是我。”我考得怎么样你们肯定都猜到了。有的学生就是这么淘气，但是这不妨碍他长大后还能成为一个好人。

王春易老师就是跟各种各样的孩子打交道。这些孩子都不坏，能上十一学校的孩子哪儿有不行的？但是，他们有的人可能喜欢生物，有的人可能不喜欢生物。王老师像爱自己的孩子一样爱他们。她经常睡不着觉啊！她不停地思考：该怎么对待这门学科，该怎么对待这些孩子们。让我们用热烈的掌声、欢呼声、呐喊声，欢迎王老师分享她的教育心得。欢迎！

主旨演讲：最美的风景永远在下一次挑战中

王春易 / 一周前，我校举行了高三学生的成人礼。学生身穿正装，神态庄重，高声朗诵着："你所站立的地方，正是你的中国。你怎么样，中国便怎么样。你是什么，中国便是什么。你有光明，中国便不再黑暗。"听着听着，我的眼泪就下来了。我的心里异常激动，我的学生长大了。

我回顾了自己从教以来的经历，非常高兴跟大家分享。我发言的题目是"最美的风景永远在下一次挑战中"。

15 年前，在我 33 岁时，我就获得了特级教师、全国模范教师、省部级劳动模范等荣誉。我一遍遍问自己：我该如何进行自我超越，实现可持续发展？

北京十一学校为学有所长的学生提供了竞赛课程。生物竞赛题中四分之三的内容都是大学内容。在很多学校里，生物竞赛课程是由不同的老师教不同的内容，分别进行授课。我想一个人承包，这意味着我要将大学生物的主干知识都提纲挈领地讲一遍，这对我来说是一个巨大的挑战。最初，我并不知道要讲哪些内容，我就从竞赛的教学大纲开始学起。担心自己的知识陈旧了，我买来了最新版的教材，像小学生那样一遍遍地读，一本本地总结，一道题一道题地钻研。渐渐地，难点被一个个攻破，清晰的知识网络逐渐呈现出来，大三、大四的学习内容经过我这个中学老师的加工，也可以让我的高中学生听得津津有味。我有时候讲得太兴奋了都忘了时间，但是没有一个学生提醒我该下课了，他们同我一样，十分兴奋，为生命科学的博大精深而陶醉。生物竞赛课程更新了我的专业知识，让我对生物学有了一个整体的认识。当我再讲授高中课程的时候，有一种居高临下的感觉，对课堂的掌控也更加自如。

/ 直面挑战，在变革中寻找突破的力量 /

2008 年，学校提出"课堂成长年"的理念，强调"课堂是学生学习的舞台，不是教师展示自我的地方"。说实话，这样的话我听着非常不舒服，因为在我的心中，课堂就是我的舞台，讲课是我最享受的事情，我付出的很多努力就是为了在课堂上精彩地展示，怎么课堂就不是我展示的地方了呢？

这几年十一学校的课程结构发生了巨大的变化，仅高中生物学科的必选课程就包含四个层次。学校开始实行走班上课了，学生要到我的生物教室来上课。在我的学科教室里面，挂图、教具、标本、图书、仪器触手可及。那么，在这样一个资源非常丰富的教室里，我的生物课该怎么上呢？我该如何定位生物课程目标？生物课究竟该给学生留下什么？我希望学生在这里不仅收获了知识，还能提升能力，学会方法，获得情感体验；我也期待我的学生将来离开教室的时候，不仅取得了满意的成绩，同时也是一个热爱生活的人、一个爱护环境的人、一个关爱生命的人、一个崇尚自然的人、一个具有科学素养的人。

为了实现这样的目标，我开始了我的变革之路。生命科学属于实验科学，生物课程属于科学课程。于是，我放弃自己早已驾轻就熟的教案，开始带着我的学生做实验，让学生们在体验中提升能力。孩子们太喜欢动手做了，每个人都异常兴奋。我们一起做果酒，整个楼道里都弥漫着酒香；我们一起做泡菜，泡菜不仅口味纯正，还通过亚硝酸盐的检测，符合食品安全标准；我们还一起做酸奶、做腐乳，只要跟生活相关的，就会去尝试。这样的实验从宏观做到微观，从课上延伸到课下（因为有的实验周期比较长，课下也要管理和记录，否则就无法完成），从定性做到定量（定量的实验更容易找出有规律性的东西），从室内延伸到了室外，从中学实验拓展到了大学实验。在一年时间里，我带着孩子们做了 30 多个分组实验，几乎每周都在准备实验。在做实验的过程中，我发现学生不仅热情很高，而且他们的思考、分析、判断、推理能力都在潜移默化中得到提升，慢慢具备了我们所期待的那些学科能力。我还发现学生的操作越来越规范，写实验结果时也不抄现成答案了，开始重视实施过程了。而且，学生对实验结果能够有自己的分析，有自己的思考，实验报告也写得有模有样。

但是，新的困难又出现了。实验数量增加后，课时严重不足。所以，进行课程整合，把知识整合在一起进行单元教学对我来说是一个必然的结果。我一学年一共整合了16个单元，以单元的形式展开教学。像细胞这样的微观知识，过去我会给学生讲、给学生画图，把名词术语列个表，给学生总结，一样一样告诉学生细胞有哪些结构。现在，我放弃了这样的讲法，而是引导学生自主学习，自主探究。下表中字体加粗的地方都是我做变革的地方。

表1-1　细胞的结构

	课上	课下
第1课时	**阅读教材**	完成阅读检测题
第2课时	**小组交流（一）**	**制作细胞膜模型**
第3课时	**实验：观察细胞与细胞器**	完成基础测评题
第4课时	**实验：植物的吸水与失水**	完成能力提升题
第5课时	小组交流（二）	**整理笔记**
第6课时	精讲与拓展（一）	**制作细胞模型**
第7课时	精讲与拓展（二）	**梳理知识框架图**

没想到孩子们很喜欢以这样的方式展开学习。他们用橡皮泥制作细胞模型。学生只有理解了为什么是这样的结构，才能制作出来，从而理解了结构与功能相适应的基本原理。

学生们还将细胞画出来、做展板，有学生写下了这样的留言："对我们组的同学来说，学习细胞是一种乐趣。用橡皮泥制作细胞模型给我们带来了久违的欢乐，生命如此神奇，生命如此绚丽多彩。"几句简短的反馈，让我们不得不再次反思我们的课堂：所有学生不爱听的课都要改变，所有以自我为中心的老师都要改变，越是爱讲、越是会讲的老师越要改变。为什么？因为教师讲得越多，学生自主学习的机会就越少；教师讲得越清楚、明白，学生自主钻研、思考、探究的意识就越弱，到最后，学生也就失去了自主学习的能力。

因此，我决定把更多的时间留给学生进行自主学习。我的生物课也安排了阅读时间，我会在课堂上组织学生进行大量阅读。在课堂上，听着他们的翻书声，看着他们专注的神态，我会感觉很享受。我还组织学生通过建构模型的方式理解微观、抽象的内容，所以我们就有了模型建构课。我们还有小组讨论课，学生通过与小伙伴的沟通和交流来获取知识，他们没有任何压力，思维异常活跃。我们还有辩论课，将有争议的问题拿出来辩论。

总之，我的课堂改变了，无论是什么内容的课都是学生在探究，都是学生在思考，都是学生在活动。过去，我的课堂是我讲，学生们听；现在，学生在课堂上自主阅读、探讨、梳理、总结，我来管理、评价这个过程，我成了真正意义上的指导者和帮助者。课堂也由完全被我掌控的地方，成为我们师生共同成长的地方。孙天宇同学曾经告诉我“生物学科的学习让我学会了阅读，学会了提出问题，学会了跟同学交流”。他觉得“每天抱着书到生物教室去上课是最幸福的事，就是上一天的生物课也不烦……”这是多大的激励和鞭策啊！

/ 人人都是教育者 /

大家知道，十一学校现在给学生准备了丰富的课程，学生们根据自己的目标和方向来选择适合自己的课程。4000 多个学生，每人一张课表。很多人都感到困惑：这样的学校该如何管理？这样的年级该如何运作？实际上，我也不知道。

2012 年，李希贵校长选中了我，让我到高一年级做学部主任。为什么选中了我呢？因为我没有当过班主任，没有任何管理经验，他觉得我可能没有什么框框。我觉得这个挑战太大了。我一下子要从关注我自己教学班的孩子，到关注全年级所有的孩子。我开始尝试带领全年级老师一起做，实践学校倡导的“人人都是教育者”理念。我们将年级工作做了梳理，然后成立了一个个项目组，把这些项目组提供给老师们，让老师们根据自己的专长参与，也就是实施分布式领导。比如，我们有晚自习管理项目组、课程管理项目组、学生自主管理项目组等一系列项目组。有了这些项目组，年级的工作就能够有序和高效地进行，同时也为教师提供了一个展示才华的舞台，引导老师们从学科教学走向学科教育。

比如，咨询师项目组的老师们就带领全体老师，对学生进行人生引导、学业指导和心理疏导。他们通过各种形式来解决学生心中的困惑，还带领学生走进大学校园，让学生进一步明晰自己的目标和方向。同时，还把优秀毕业生请来跟学生们进行面对面的交流，激励学生去追逐自己的梦想。咨询师项目组的老师们通过组织各种辩论会，包括学生和学生之间的、学生和老师之间的，还有学生的“百家讲堂”（每个学科都有，学生根据自己所长，愿意讲什么就讲什么，自愿参加），让学生去发现自我，发现自己的优势。老师们还为每个学生建立了成长档案，记录学生的成长轨迹。

我们来看一位老师给小王同学写的过程性评价，老师认为该生“作业写得非常好，准确率高”。我们看得出来，这是对他学习态度的肯定。这位老师对钱一凡同学的评价是“每节课都要积极主动参与讨论”，这是对他学习方法的指导。这位老师对有的学生的评价是“准确率有点儿低，要严谨、细致”，显然是在指出他目前存在的问题和改进的方向。对小王同学是进行综合性的鼓励，而对这位同学的评价是进行学习习惯教育。这只是一位老师写的过程性评价。在十一学校里，每位老师每节课都会对学生进行过程性评价。所以，没有了班主任，学生不是没人管了，而是关注的人更多了，人人都是班主任，学生们得到了全方位的关注。而教师这时候才真正成为了一名教育者。

2013 年，北京十一学校的教育年会的主题是“发现那棵树”。我们知道，世界上没有完全相同的两棵树。人也是一样，世界上没有完全相同的两个人。如何让每个孩子发现自己的潜能和特长，找到适合自己的目标和道路，快乐、健康地发展？我觉得这是我们必须思考的问题。我们是怎么做的呢？

我们鼓励老师根据每个学生的基础、特点、学习能力和学习方式，为每个学生的学习而设计。教学设计不是老师设计怎么讲这个知识，而是设计怎么帮助学生学习这个知识。所以，就有了表 1-2 中所示“为每个学生的学习而设计”的系列研究课。在这样的研究课上，老师跟学生一对一交流、沟通，指导并帮助学生。

表 1-2 “为每个学生的学习而设计”系列研究课

学科	教师	时间	地点	课题
英语	齐　莉	9 月 23 日 周二第 3 节	高中楼 408	叙事写作要点的提取和细节的添加
物理	方习鹏	9 月 24 日 周三第 3 节	高中楼 319	动量
物理	邹素芳	9 月 24 日 周三第 3 节	高中楼 419	动量守恒定律
物理	余彩芳	9 月 24 日 周三第 3 节	高中楼 513	化学平衡图像研究
化学	章异群	9 月 24 日 周三第 3 节	高中楼 613	试卷讲评
生物	王爱丽	9 月 24 日 周三第 3 节	高中楼 317	《遗传与进化》中学科思想和方法的梳理
生物	付　鑫	9 月 24 日 周三第 3 节	高中楼 417	不一样的“9∶3∶3∶1”
生物	徐　澜	9 月 24 日 周三第 3 节	高中楼 517	血型与遗传规律
数学	李锦旭	9 月 25 日 周四第 3 节	高中楼 502	等差等比数列复习
数学	杨春艳	9 月 25 日 周四第 4 节	高中楼 509	等差等比数列复习
数学	朱　燕	9 月 25 日 周四第 2 节	高中楼 603	等差等比数列复习

开学八周以后学校有一个诊断，每次诊断都能获得大量数据，老师们就利用这些数据帮助学生进行分析和总结。比如，通过折线图让学生看清自己

成绩的变化趋势，帮学生分析他目前成绩是不断提高、有波动还是下降，然后再通过学业能级水平分布图和各科得分与年级平均分对比雷达图，分析学生各学科的优势和劣势，再通过诊断蓝图，分析在哪个点上出了问题，最后对学生做出个性化的评价。比如，指出在什么地方存在问题，为学生提供改进的思路，通过情感沟通激发他的内动力。这样，孩子们就知道该如何解决问题，合理管理自己的学业。

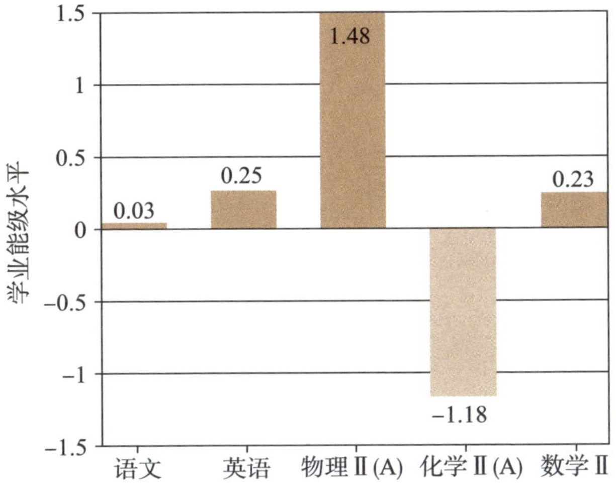

图1　某生各学科学业能级水平分布图

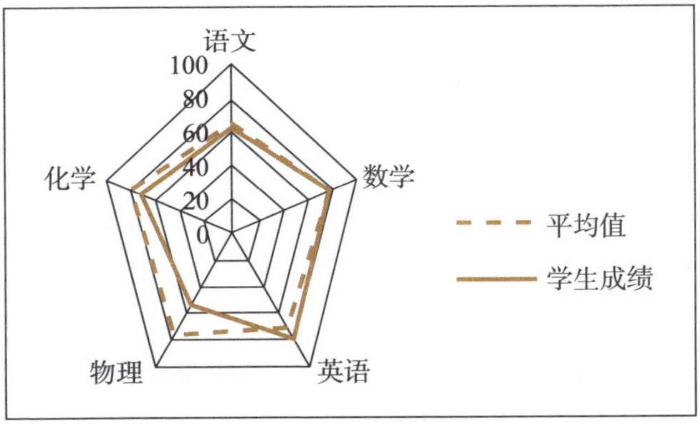

图2　某生各科得分与年级平均分对比雷达图

实际上，十一学校在实行走班选课以后，还有一个更焦虑的集体，那就是家长。怎么把学生的情况及时反馈给家长呢？我们采取的方式还是个别化对待。由于学生选择的课程不同、各自的基础不同，于是我们就召开了各种类型的家长会。而且，我们觉得家长会不是控诉会、告状会，而是解决问题的会，我们要引导家长不要只关注成绩，更要关注孩子的成长过程，因此我们就有各个时段的家长会，什么时间都可以开家长会。总之，我们希望能够根据孩子的不同情况，有针对性地去跟家长和孩子沟通，最终形成家校合力。

在十一学校里，大家已经有了一个基本理念，那就是“人人都是教育者”。小班化教学给我们提供了良好的条件，在前不久学校进行的生态调查中，出现频率最高的词是温暖、温馨、有热情、有动力、舒服、学习氛围好。

但是，我此刻心里面一点儿都不敢懈怠，因为我知道我又有新的挑战了。什么挑战？新技术来了。大数据、云计算、智能终端等新技术，即将再次改变我们的课堂，改变我们的教育。而我是一个对新技术非常不敏感的人，我现在刚刚尝试用 iPad 去听课和办公，甚至到今天我对微信还持有偏见。如何突破自己的瓶颈，学习新技术，掌握新技术，链接未来，我得再次接受挑战。我知道我面临着巨大的困难，但是我不害怕，因为我知道，最美的风景永远在下一次挑战中。

很多老师问过我这样的问题：为什么在工作上那么较劲？为什么要不断地挑战自我？除了性格，我就只能用“爱”来解释了。可能我们自己觉得对学生的爱已足够多，但是我们需要反思：我们爱得理性、正确吗？我们爱学生的方式学生能接受吗？我们爱得符合教育规律吗？我们的爱让孩子们获得幸福了吗？教育是做出来的，“爱”也要可操作。我觉得，空想、埋怨、得过且过，这都不是一个教育者应有的品格；心系学生，研究学生的需求，为学生的成长搭建平台，为学生提供科学、务实的帮助，这才是真正的爱。实际上，帮助学生成人，肩负起国家的责任、民族的希望，我们还能做很多事情。让我们坚定心中的信念，直面一切挑战，一起做教育。我们怎么样，中国的教育便怎么样；中国的教育怎么样，中国便怎么样。

谢谢大家！

/ 学生献花 /

崔永元 / 王老师，您认识这两位献花的学生吗？

王春易 / 当然了！这是我的好学生、好宝贝，叶大家、王云帆。

崔永元 / 叶大家，向大家介绍一下自己。

叶大家 / 我叫叶大家，现在在中国农业大学读大三，学的是生物。我在学校学习的同时还参与了一些课题的研究。

崔永元 / 叶大家的经历其实非常有意思，我听说她没系统地上过生物课，是这样吗？

王春易 / 是这样的。

叶大家 / 我高二的时候其实就已经参加了竞赛班。当时要学习一些大学课程，老师也倡导我们去自学。所以，这培养了我的自学能力。因为我学的进度快一些，我先把高中内容自己学完，然后进行大学课程的学习，当时基本上就是靠自习的。所以，我从高中二年级到考竞赛前的生物课就没有怎么上过。到了高三的时候，因为是复习，我觉得上竞赛班学会了一些自学的方法和自主探索的方法，所以我高三也是自己去整理知识，梳理框架，去找一些题做。

崔永元 / 也就是说，你基本上是看书自学生物的。

叶大家 / 对。

崔永元 / 然后，你考上了中国农业大学的生物系？

叶大家 / 对，生物系的实验班，是中国农业大学很好的一个班。

崔永元 / 大家可能不知道，当时，当同学们讨论生物问题观点有分歧的时候，就会去问叶大家。当大家为一个观点争执不下的时候，如果有人说，这是叶大家的观点，大家就不再争执了。叶大家，你觉得自学生物很容易吗？

叶大家 / 我觉得，在对生物有了一个大体的了解和掌握了框架以后，你就会知道哪些东西很重要。一旦心里有了谱，自学就是越学越明白的过程。

崔永元 / 现在大家知道，为什么王老师这么优秀了吧？因为她的学生根本都不用教。王云帆，你也为大家做一下自我介绍。

王云帆 / 我叫王云帆，是学计算机专业的，今年也是大三。

崔永元 / 你说一下你心目中的王老师。

王云帆 / 我们都觉得王老师非常亲切，私底下都叫她“春易姐”。她上课非常有趣，我们都喜欢上她的课。

崔永元 / 再具体一点儿，别按上台之前背的那些稿子说。

王云帆 / 王老师进行课程改革时，我们正好上高三。我们对改革也比较好奇，是跟着王老师一起“摸着石头过河”。我觉得最后的结果很好，我们的自学能力有了很大的提高。

崔永元 / 理工科的孩子头脑真的很冷静。能不能讲一个故事，让我们头脑中的王老师的形象一下子清晰起来？在你上课的过程中，有过这样的经历吗？

王云帆 / 真的想不起来。

崔永元 / 这就是王老师了不起的地方，她既可以面对那些热情洋溢的孩子，也可以面对头脑冷静的孩子，还可以面对根本不用教的孩子。现在每个孩子都是充满个性的，当一位好老师不容易。让我们把热烈的掌声和欢呼声再次送给王老师，谢谢你！

王春易 / 谢谢！

闫存林

／

行走在
变与不变中

／

崔永元 / 马上要上场的是闫存林老师，他是一位语文老师。语文老师太关键了。我今天之所以“亭亭玉立”，就是因为我的语文老师。我上小学的时候，语文老师姓王，他对我很好，好到什么程度？我们农村小学都是喝井水，但是我一喝井水就拉肚子。所以，下课的时候同学们都到井边喝井水，王老师就带着我到办公室去喝热水。有一次，我们要写作文了，王老师对我说：“你今天回去少玩一会儿。”我问：“为什么？”他说：“你提前写一篇作文。”我问：“为什么要提前写？”他说：“当范文。”于是，我就写了一篇文章，大概意思是“学校开运动会，发令枪一响，运动员像离弦的箭一样冲出了跑道”。我也不知道在哪儿看到过这样的文字，反正觉得挺好的。第二天，王老师就在班里念我的作文。念完了以后就对同学们说：“看到没有？你们的作文要写成这样才行，尤其是这句话‘运动员像离弦的箭一样冲出了跑道’。”我当时就觉得，自己早晚能成为像鲁迅那样的作家。我那时候才上三年级。后来，每次写作文之前，王老师都让我先写范文，这成了惯例。终于有一天写出事了，我写了一篇我们清明节去扫墓的作文。我是这样写的：“我们穿着白衬衫、蓝裤子，举着队旗，敲锣打鼓来到了陵园。”后来王老师问我：“你确定敲锣打鼓了？”我说：“就是敲锣打鼓了。”我到今天还记得，那天就是敲锣打鼓了。

上了高中，我的语文老师是全国特级教师，也姓王。我碰到的全是王老师。他让每个同学都写一篇作文，写完以后，他把作文分成几摞，说“这摞不行，中间这摞也不行”，还说“只有崔永元的作文最差”。他说我“年纪轻轻的，哪儿学来的八股？一句真心话都没有，你长大了还能说实话？”所以，在他当我的语文老师的时候，我的语文从来都没有及格过，我怎么写他都觉得不是真心话。后来，我做了中央电视台《实话实说》节目的主持人。谢谢王老师！

语文老师难当，语文难教。让我们一起听听闫存林老师的高见。掌声、欢呼声送给他！先看一个短片。

/ 播放短片《教室里的那一束光——闫存林老师的教育之路》 /

闫存林 / 我喜欢阅读，阅读是我获得生命意义的一个重要途径。阅读不仅能带给人温暖，还能够照亮人的心灵。我希望我的学生能够喜欢上阅读，爱阅读的孩子永远是幸福的。

从高一起我的目标就是北京大学数学系。我的班主任是一位数学老师，他曾对我们班的前三名（我是其中之一）说：“你们三个人都是上北大数学系的料儿。”高考那一年，另外两个同学都如愿以偿地考上了北大数学系，而我却考上了北京师范大学中文系。

那会儿我觉得文学作品是另外一个世界，是我在现实生活中遇不到的，也是我内心追求的世界。1984 年，我进入北师大，刚开学一个星期，学校在大操场播放了一部露天电影，叫“乡村女教师”。让我印象最深的是，在乡村女教师变成一位满头银发的老太太时，很多学有所成的学生围在她身边。那会儿我突然明白什么是当老师的幸福感，我觉得这是什么工作都换不来的。所以，到了十一学校之后，我觉得自己有一种欲望，想把自己所有的东西都传授给学生们。我大部分时间都是和学生泡在一起的，我带他们去看话剧，和他们一起刻油印的小报。我经常会备课到夜里 12 点。但到了课堂上，我突然发现自己准备的资料太少了，一节课 45 分钟，不到 20 分钟我就讲完了。我开始浑身冒汗，自己站在讲台上尴尬地不知道该干什么，最后只能让学生自己看看书。我回到办公室后觉得特别惭愧，便下定决心，下节课一定要把资料准备得特别充分。

我从来没有觉得自己作为一个老师就是高高在上的，我认为我们作为人都是平等的。因此，学生有些时候对我的尊重感可能会比较淡一些。我曾经在学生会和学生干部针锋相对、面红耳赤地争吵。

北京十一学校 2004 届毕业生康世功 / 好像是因为跳绳比赛时，我们没有拿到和我们水平相符的成绩。

闫存林 / 我觉得他们是在敷衍，根本就没努力。

北京十一学校 2004 届毕业生康世功 / 为了争取集体荣誉也好，或者为了其他一些事情也好，他总是对我们说："你们怎么就听不进去呢？"他当时可能觉得那句话真的很重要。

闫存林 / 我会觉得我对他们这么好，一切都为他们想，他们为什么不理解我，于是就会很郁闷。后来我慢慢地意识到，我们虽然是站在一个平等的立场上来讨论问题，但实际情况是，学生在某些方面的想法一定是较为幼稚的，和我作为一个成年人的想法是不一样的。我不清楚他们内心深处到底需要什么。我经常采取的方式就是我在说、他们在听，我在批评、他们在接受教育，但是他们究竟有没有转变，我并不是很清楚。我逐渐意识到，我首先要知道学生需要什么、学生在想什么、学生有哪些情绪需要表达。很多问题只要学生倾诉出来就能得以解决。

北京十一学校语文教师兰玲 / 有一个孩子在课堂上直接把书一合，

说：“这就是我说话的方式，我就愿意这么说。”闫老师不会觉得学生挑战了他的尊严，让他很没面子。他会觉得，当老师解释不通的时候也没必要强迫学生完全接受老师的观点。

闫存林 / 慢慢地我知道了，这是成长必经的道路，你不能着急，需要耐心等待。教学绝对不是单向的。课堂是有生命的，它是教师和学生共同成长的地方。

北京十一学校语文教师兰玲 / 有一天，闫老师忽然对我说：“我们把讲桌也扔出去吧，”我当时很惊讶。他就说：“教育的改革实际上应该从教室的改革开始。我们应该是教室里的引导者，是和学生一样的学习者。我们跟学生之间应该是没有界限的。”他带动了整所学校都进行这样的教室里的改革。

闫存林 / 语文是传道的，我们通过学习诸多文学作品，获取人类历史上最深邃的思想和一些伟大的情感，从而完善我们自己。这是语文教育最深远的意义。

我认为，人的成长有两条途径：一条途径就是随着年龄的增长，经验的增多，你在不断地成长；还有一条途径就是来源于文学作品，你从别人的生活中获取经验，同时不断地成长。学生要想获得比较强的语文能力必须进行大量的阅读。阅读的书，一种就是老师推荐的，还有一种就是学生互相推荐的。我在豆瓣上创建了一个读书平台，提供一些话题，学生可以在上面发表自己的意见。这样，学习就从短暂性的课堂学习变成了比较长久的课外活动学习了。

我曾经希望每位学生都变成文学家，至少在这个年纪应该是个文学青年，因为我自己就是那样过来的。但是实际情形不是这样，还有很多学生不喜欢文学。后来我慢慢意识到，这样想不对，并不是每个学生都要报中文系。我们应该思考，语文课能为这些孩子提供什么。

文学作品要表达的是人类独特的情感，它有可能影响学生在某一刻的幸福感。

北京十一学校语文教师兰玲 / 闫老师经常跟学生说的一个例子就是，一个乞丐和一个诗人一起晒太阳，他们的感觉肯定是不一样的。这就是文学带给我们的视角，让我们学着去用一种审美的眼光来对待生活。

闫存林 / 莫言曾说过一段话，大意是说，我们往往过多地强调有用的东西，而忽视了很多“无用”的东西。但是在你的内心深处，往往是那些“最无用”的东西帮助你获得生命中最本真、最幸福的东西。我从 2004 年开始担任学科主任，随着十一学校改革的逐渐深入，工作的压力和强度增加了很多，现在每天基本都要工作 14 个小时。我真是特别疲惫，做梦都会梦到自己在课堂上出现问题。但当我看到自己已经毕业的学生一个个阳光向上、特别快乐，而且在他们的工作岗位上小有成就时，我突然发现我这个工作真是能让人很有成就感的。

每次有学生毕业的时候，我都会问学生：“你们的理想是什么？”有的时候他们也会问我：“老师，您的理想到底是什么呢？”我想说：“我的理想就是看见一个一个孩子的理想都变为现实。”

崔永元 / 闫老师的经历特别简单，1989 年从北京师范大学中文系毕业，然后就一直在十一学校当老师。二十多年，一直在做这件事。大家可以想一想：25 年里，这个社会上发生了什么？有什么样的变化？有多少新的职业在吸引他？他没有动摇，一直在这儿当老师。这么优秀的老师，一定有人挖他，但他始终坚持着。片子中有一句话特别打动我，“一个乞丐和一个诗人一起晒太阳，他们的感觉肯定是不一样的”。我们还是听闫老师的吧，掌声和欢呼声送给闫老师！

主旨演讲：行走在变与不变中

闫存林 / 各位来宾、各位教育同人，大家下午好！我今天跟各位分享的题目是“行走在变与不变之中”，谈谈我对语文教育的感受。

我的简历很简单。每次填表格的时候，我都有一点儿惭愧，因为别人的简历都是长长的一页，而我到现在为止只有三行。也许将来，还是这三行，不会有新的东西出现了。

我是一个简单的人。我喜欢阳光，喜欢一切欣欣向荣的事物，从这些事物中我发现了一种蓬勃的生命力；我喜欢学生，喜欢他们求知的眼神；我喜欢上课，喜欢站在讲台上与学生分享观点。

冰心在《谈生命》中说：“我不敢说生命是什么，我只能说生命像什么。”我也想说，我不想说语文是什么，我只想说语文像什么。语文像冬日的阳光，能温暖每一个人；语文像星空，它浩瀚无垠，有无数的东西让人去追求；语文像空气，它无所不在，弥漫在生活的各个角落。当然，我也知道语文是什么。语文是富有生命力的一个“场”。在物理学中，“场”是一个以时空为变量的物理量；而在语文课堂里，“场”是一个以时空为变量的生命量。语文的生命量体现在它深邃的思想和丰富的情感上。

/ 第一个阶段：关注讲什么 /

在我初为人师时，我竭力将自己掌握的知识全都告诉我的学生。我认为教师的职责是“传道、授业、解惑”。我信奉的一个理论就是“要交给学生一碗水，自己首先得有一桶水”。为了上好一节课，我常常准备很多资料，备课到深夜。我还会把我要说的每句话都写在教案本上。在课堂上，我一直关注的都是我要讲什么，包括背景知识、相关的拓展知识、句子的含义、作品的主旨等。

我试图让每一个学生都热爱语文，因为他们应该热爱；我希望我的每一个学生都是文学青年；我希望我的每一个学生都喜欢阅读，而且我从内心深处认为他们一定会喜欢阅读的。我最初就是带着这种单纯的梦想踏上讲台的。那会儿，我的课堂基本上是布道式的。我刚开始教书时，讲得并不多，不是我不想讲，是因为我讲到一半的时候，准备的东西就讲完了。后来经过不断的努力，我可以随心所欲地表达自己了，可以滔滔不绝地讲满整堂课。

我那会儿十分关注阅读。我自己的语文学习经历告诉我，语文素养的核心在于阅读。我认为中学阶段是人生中最关键的一个读书期，因为学生在这个年龄、这个阶段虽然时间很紧张，但生活是有序的。而且，中学生的生活是单纯而无干扰的，中学生可以独立思考，也可以和同学、老师讨论。学生在这个阶段里应该养成终生阅读的习惯。

在我初为人师的前几年里，我曾经为我的学生朗读三毛的作品，我们读完了《闹学记》《撒哈拉的故事》，学生很爱听。我在班会课上组织学生们将鲁迅的《野草》改编成话剧，还带着学生骑自行车去北京人民艺术剧院看《茶馆》。有一次，我看见我的一个学生在教室里突然大哭起来。我特别惊讶，问他为什么哭。他递给我一本书，是《穆斯林的葬礼》。当时我特别感动，因为一个学生能因为读书痛哭失声，说明阅读影响了他。当然，我也告诉他，阅读不仅要走进去，还要走出来。

╱ 第二个阶段：关注怎么讲，开始注重课堂结构 ╱

然而，我的教学效果却差强人意，我发现我们班的学生语文学习两极分化比较严重。有的学生特别喜欢语文，他会看大量文学作品，会花大量时间去阅读；而有的学生课上听得特别热闹，也特别喜欢，但是考试会出问题。

于是我就反思：我写教案的时候，更多的是考虑我要讲的内容，很少考虑怎么去讲；我讲完后可能落实不到位，只寄希望于学生的自觉。这是我对自己第一个阶段教学的反思。于是，我开始关注怎么讲了，就是如何更好地传达我的意图。比如讲一篇课文的时候，我会思考这篇课文怎么讲学生收获更大。举个例子，我此时讲鲁迅的《拿来主义》，可能从最后两段讲起，再慢慢推到前文。这样做的目的是快速进入文本中心，实现教学目标，达成让学生理解文本结构的意图。

我注重了课堂结构，但结构的呈现方式是与教师的教学目标统一的，在教学中大量的结论是预设的。我的任务就是“诱导”学生，得出我自己心目中的答案，这样就算完成教学任务了。所以，我会通过各种方式“诱导”、启发学生，最终引向我需要的那个答案。假如我对学生的答案不满意，我可能会点拨一下。教学流程和我的教案中的流程基本上是一样的，如果学生想在课堂上讨论一些别的东西，我会制止学生。

/ 第三个阶段：考虑学生的学习状态、方式和习惯 /

我这样讲了若干年，课堂结构已经非常成熟了。我可以在下课铃声响起前的一秒钟，讲完自己的最后一句话。我也有很多种方式将每篇课文呈现出来，而且我的教学目标也能够在课堂上实现。但是，我发现我关注的还是我自己，我还是希望通过我的讲解让学生获得知识和能力。学生学习语文的兴趣在哪里？学生的个体在哪里？我没有思考这些问题。于是，我开始思考第三个问题：学生该怎么学？我意识到，老师的职责是帮助学生学习。慢慢地，我的角色发生了一些变化，我站在学生的角度思考，如果这篇课文我来学的话，我要怎么学。我开始从学生学的角度来看我的教学流程。

一般情况下，学生由于缺乏生活经验和背景知识，老师需要为其提供理解课文必需的指导知识和阅读方法。语文老师的职责就是为学生提供这些东西，让学生自主学习。于是，我开始思考我们运用怎样的阅读策略和学习方式。现在再回过头思考，我在第二个阶段为了实现我的教学目标设计了较为艺术的课堂结构是否恰当？比如，前面谈到的我教鲁迅的《拿来主义》从后面两段切入，这是否正确？一般来说，我们阅读时很少会从后面开始看。所以，我的教法不符合阅读的基本策略。

另外，我们是否存在理性的学习方式和感性的学习方式？是否需要为学生提供一个相对科学的思维公式，尤其是那些理性思维比较发达的同学？我们是否要给对文学不感兴趣的同学一些空间？

有的语文老师有一个特别单纯的理想，希望每个学生都是文学青年。现在我们要承认一个事实，那就是孩子的发展路径是不一样的。更重要的是，我们要明白并非所有人都会变成文学青年。以前，我看到一个学生心里没有文学情愫，我就会纠结、难受，就特别想问这个学生："你凭什么不是文学青年呢？"我现在已经认识到，学生是不一样的。我们应该为学生提供类似于点餐的学习菜单，让不同的学生有不同的发展方向。

/ 第四个阶段：回归本源，致力于语文课程的重建 /

在第三个阶段里，我更多地考虑了学生的学习状态，考虑了他的学习方式和学习习惯。最近我在思考另外一些问题：语文能够为选修理科的学生提供什么？语文能够为选修文科的学生提供什么？我所教的课是语文课吗？我究竟要教给学生什么？学语文难道就是学课文？一个合格的中学生应该具备哪些语文素养？我们原来很少考虑这些问题，因为以前语文老师的任务就是把课文教好，通过各种方式让学生理解课文，同时掌握基本的阅读方法。但是，长期这样的语文教学让我自己陷入一种无意识的、不自觉的状态，我就开始反思自己教的这些东西到底有多大的意义。

语文到底是什么？语文首先是实用的，语文永远和生活相关。所以，我必须在语文课上让学生意识到语文和生活的联系，让学生意识到语文在生活中是有价值的，它不单纯出现在考试中，也不单纯出现在学校里。

语文到底能够给学生提供什么？思考这个问题的时候，我阅读了大量教学著作，从叶圣陶先生、夏丏尊先生的著作里寻找到了有益于我教学思维的一些东西。夏丏尊先生曾经描绘过理想中的中学生在国文科方面的学力。总结起来，夏先生的意思就是：通过语文学习，他是一个有文化的、有教养的人；通过语文学习，他应该是一个会学习的人；他能够很好地表达，并且能够很好地理解他人的表达。这是夏丏尊先生认为最理想的中学生应该具有的基本能力。反思我们现在的语文课堂，我们是否帮助学生达到了这几点？

我常常反思：作为一名语文教师，我知道自己在教什么吗？我对自己所教的内容有自觉意识吗？我所教的内容和学界认识一致吗？我是否在代替学生思考？我们读《论语》时可以明显地感觉到，孔子对每个学生的教育方法是不一样的。在我的课堂上，每个学生也是不一样的，我能够给他们提供什么？他们是否因为上了语文课而感到幸福呢？这些是我现在不断思考的问题。

我以前一直认为语文是一门很感性的学科，很少思考语文的学理和科学性。现在，我们要好好想一想：语文的学理是什么？学语文究竟要学什么？初中语文和高中语文有什么区别？如果是螺旋式上升，哪些东西需要不断地重复？在我们的课堂上，经常出现初中语文课和高中语文课差别很小的情况，这导致学生对语文课感到厌倦。现在，我明晰了语文的学科本质。语文学科和其他学科的不同之处在于，学习其他课程虽不能越过形式直接把握内容，但它们的形式是学生掌握内容的跳板，关注形式的目的也仅仅是更好地理解它的内容。而语文学习的目的除了要把握内容，更重要的是学习如何用特定的形式表达特定的内容。这是语文的学科本质。所以，我们应致力于语文课程的重建，完善它的科学体系。

于是，我带领语文组的同人，开始致力于语文课程的重建。目前，十一学校的语文课程结构基本成型，但是它不完善，还需要我们不断探索。在重建语文课程体系的过程中，我一直在思考该如何更加贴近语文学科的本质。《谁动了我的奶酪》的作者斯宾塞·约翰逊曾说，世界上唯一不变的就是变化本身。但是，我认为还有一些东西是不变的。在语文学科的改革中，我坚持四个字：守正出新。坚持大量阅读经典文本，是语文教学不变的原则。每个中学生都是一个天生的诗人，这个观点我始终没变；科学可以武装人的大脑，但经典文本能充实人的心灵，使人不至于迷失、彷徨，这个观点也是不变的；在语文课堂上，我要和每个学生进行深入的思想碰撞，这一点我也从未改变。

我自己也在不断地阅读，给学生做一个榜样。曾有人说，中国教育最大的悲哀是教师不读书，尤其是语文教师不读书。一个不读书的老师，很难培养出爱读书的学生来。所以，我自己也在大量阅读。我很喜欢这样的画面：在一间安静的教室里，阳光照进来，几个学生在捧着书本阅读。他们沉浸在书中，脸上洋溢着幸福。

我有一个学生，她很喜欢科学，很喜欢生物，同时也很喜欢文学，常常躲在我的教室里看《茵梦湖》。她的情感很细腻，看过许多文学作品。她后来上了北京大学，读生命科学。然而，她却从未停止写作，中学时没有发表过文章，上了大学后却开始发表文章。她还喜欢抄写东西，不断将摘抄笔记寄给我。由此可见，语文老师的重要作用就是让学生学会阅读，从而喜欢阅读。

我们还编了很多书目。在课间五分钟，我引导学生向大家推荐书目。我和学生在课堂上进行探讨，同时用经典作品去涵养学生。无论如何，我首先是个语文老师，并且致力于将语文学习变成学生通往幸福的阶梯。学生是幸福的，因为他们是有思想的人，他们能够明晰地表达自我，不卑不亢；他们也能读懂他人的思想，谦虚而不盲从。他们是幸福的，因为他们不是情感苍白的人，而且在人生的某一刹那，与先哲心有戚戚焉。曾经有学生对我说：

“说实话，很多知识我都不记得了，可是，我的骨子里有一种语文气质。我偶尔还会把以前学过的东西拿出来温习温习。语文对我来说，就像一本书，每读一遍都有不同的感受。”

我希望自己今后的人生更加充实，我学生的人生也因为语文变得更加充实。谢谢大家！

/ 学生献花 /

崔永元 / 闫老师给我们上了一堂语文课。献花的同学先别走，你们毕业了吗？

男同学 / 没毕业。

女同学 / 我也没毕业。

崔永元 / 那走吧。没毕业不好评价老师。闫老师，您喜欢当语文老师吗？

闫存林 / 喜欢，非常喜欢。

崔永元 / 我刚才听得特别仔细，因为这是我唯一能听懂的，其他科目的老师讲的我听不懂。您把思考人生、训练表达能力全放在语文课里了，您会不会教学生们“说瞎话”呢？或者这么说，会不会教他们用语言吓唬别人呢？

闫存林 / 语言应该是用来表达真理的。我教学生语文，是让他们更好地表达自己，把真话说得更完美，不是让他们“说瞎话”。

崔永元 / 最近，我有机会到大学做巡回演讲，我就跟学生们“瞎讲”。有一句古话你们听过吧？“古之欲明明德于天下者，先治其国；欲治其国者，先齐其家；欲齐其家者，先修其身”。“修身”就是刮胡子、穿名牌，为什么？你出去得让人觉得你很讲究。什么叫“齐家”？就是把家里的房子装修好，能装修多好就装修多好。后面两句就有问题了。干完前面两件事，你一定要“治国”“平天下”。

不然，若有人举报你，你就完了。您看我说得对不对?

闫存林 / 崔老师是调侃吧。

崔永元 / 不是调侃，最近看到一篇文章就说“治国”“平天下”出问题的人，问题都是出在“修身”和“齐家”上。

闫存林 / 刚才崔老师说“修身”就是刮胡子、穿名牌，这一点没错，刮胡子、穿名牌是修身的一个表现。但是，不能以偏概全，“修身”还包括提升自身的修养。说装修房子是“齐家”也未尝不可，但“齐家”的关键点是什么？是让家庭和谐。当然，崔老师一贯的语言风格就是黑色幽默，大家也理解。所以，那些学生并不会把您的话当真，而是从这种幽默里看出您对社会上存在的问题的深恶痛绝和批判。

崔永元 / 谢谢闫老师，用热烈的掌声欢送闫老师！闫老师也太实在了吧，怎么能当着这么多人的面说学生不会把我的话当真呢？好歹我也是个老师啊。

周志英

／

走进去，
才能走出来

／

崔永元 / 下面有请周志英老师。她更厉害，因为她教数学。我上学时就是因为数学睡不着觉的，数学对我来说就是一个噩梦。但是周志英老师热爱教数学，她是初中学部的主任。她为什么这么喜欢教数学？她是怎么教数学的？假如她的学生里有个人叫崔永元，她能教会他算术吗？我们先来认识一下周老师。

/ 播放短片《在成就学生的同时，成就自我》/

周志英 / 我一直觉得，自己不太适合当老师。我一直在思考：这么多年虽然遇到了很多困难，但仍然磕磕绊绊地走了过来，到底是什么帮助我走到今天的？我觉得是因为十一学校给像我这样非常普通的老师提供了一个非常大的发展平台，让我们能在原有的基础上尽可能地发挥自己的优势。

我是 2001 年来到十一学校的，之前已经工作了十年。我记得大学刚毕业的时候带我的师父曾对我说：“你要想成为一个好的数学老师，必须在课堂上讲得深，给学生练透。”他特别关注我在课堂上到底讲得怎么样，给学生练得怎么样。

但是到十一学校之后，特别是最近这些年，我觉得我转变非常大的一个地方就是研究学生研究得更多了。尽管现在初中数学已经分层设置课程，有数学Ⅰ、数学Ⅱ、数学Ⅲ和数学Ⅳ，但是在同一个层次里面的二十几个学生，在学习数学的方式、接受知识的难易度上还存在差异。在课堂上教师应该提出什么样的问题，才能够激发起所有学生对数学的深入思考，让处于不同思维层次的学生都能够在自己原有的基础上得到进一步的提升？这是我特别关注的一个问题。我上课时大致的流程如下。我提出问题，学生自己思考，然后就开始思想碰撞。学生通过讨论和思想碰撞，能够解决80%的问题。剩下的问题，我再引导学生进一步交流、思考，这样就能够达成这节课的教学目标。

学生 / 教室主要分三个区。周志英老师要是讲基础一点儿的题，就会在教室前面的那块黑板边上讲，这个时候所有人都可以听，她会发给大家统一的材料。教室的一侧是自由讨论区，就是给一些同学讨论比较难的问题准备的。还有一个区在教室后面，有几台电脑，同学在遇到问题的时候可以在电脑上运用软件来做题。

周志英 / 再优秀的老师，他对学生的学习过程的把握，也不应仅仅是基于个人的经验，还应基于一种科学的依据和判断。我认为，教师应通过对学生学习过程的科学诊断来帮助自己判断这个学生在学数学过程中存在的问题，这也是我今后必须加强的一个方面。我今后可能要关注的或者说要突破的地方，就是弄明白学生在学习数学的过程中心理和思维变化的特点到底是什么，这应该是有规律可循的。

像我这样的中年女老师，在工作十年或者十五年之后，就会遇到高原期或者瓶颈期。怎么才能突破它？我觉得这不仅仅是靠个人，有的时候外在的推动力量也能帮你一把。我2009年开始当年级主任，三年后，开始做初中学部主任。任命下来的时候，我的第一反应是，这是不可能发生的事，怎么会是我？我还去跟校长理论，我说：“我喜欢教学，我觉得我的特长应该在教学上。”

老师 / 周志英老师做学部主任之前，我们都公认她是一位特别优秀的学科老师。她常常跟我们说不要用老方法解决新问题。她当学部主任以后，我们看到了她身上的领导才能，从她身上学到了一种比较先进的理念。

周志英 / 我当时遇到了很多问题：学生选课应该怎么选？课程应该怎么安排？学生选课走班了，没有行政班、班主任了，我们每个人都是导师，导师带学生应该有什么样的工作流程？一切都是新的，我有时候还挺焦虑的。

慢慢地，我在不断地总结、归纳后发现，判断是否做一件事的标准是，是否有利于学生。如果这件事有利于学生成长就要好好做，如果这件事不利于学生成长那就不能做。

现在回想起来，我用了五六年的时间从教学中跳出来做管理，对我自身的发展特别有帮助，对教学的影响其实也挺大的。比如，我以前可能比较关注学生到底学会没学会，学到什么程度了。但现在我更关注学生未来到底需要用数学做什么。有一个学生跟我说，他将来可能要从事生物方面的理论研究。我就跟他说，从事生物理论研究前期要做大量试验，做试验会搜集大量数据，整理这些数据需要你的数学知识做支撑。如果你的数学知识不过关，你就无法分析这些数据，无法达到最后的目的。我从学生未来发展方向这个角度跟他谈数学学习，学生觉得太对了，就这么回事。学生说，他是得把它学好了，将来才能走得更顺一些。

回到最开始我说自己不适合当老师的这件事。我虽然性格特别内向，但是我跟孩子在一起的时候就觉得特别舒服，特别快乐。我有时候就想，这些孩子是上天送给我的最好的礼物，我应该好好珍惜他们。我喜欢他们，这些孩子也喜欢我，我觉得这就足够了。

崔永元 / 看片子的时候我就在想：如果我在求学时能遇到周老师，那可能今天连上台的机会都没有了（指周老师的数学课太精彩，会让他迷失自我，以为自己也擅长学数学，于是没有机会发挥自己真正擅长的）。也许我会一事无成，但是我不会在周老师教的科目上这么差。媒体经常诬蔑我，他们说“崔永元数学不好”，谁写稿子都要加上这句话，我理都不理。我现在告诉你们，你们别传出去，我不是数学不好，而是算术不好。如果我能遇到像周老师这样的老师，我相信我的人生一定可以改变。所以，今天我会和大家一起，静静地听她讲一堂课，让我们把最热烈的掌声送给周老师。

主旨演讲：走进去，才能走出来

周志英 / 今天，我和大家交流的题目是“走进去，才能走出来”。我今天要跟大家交流一下，实施选课走班这几年我的感悟和反思。选课走班使兴趣相近、能力相近、基础相近的学生组成了一个团队，学生走到与自己能力相符的学科教室里进行学习。学科教室建设是我们每个老师都非常重视的事情。学校每学期都会进行学科教室建设的调研活动。我们在学科教室建设上花了很多心思，自己感觉应该是没什么太大的问题。但在实际操作过程中，还是出现了问题。第一个问题，是有了学科教室学生也不一定喜欢。我 2012 年 9 月份带了第一批实施选课走班的初中孩子，在初一第一学期，学校组织了有关学科教室建设的调研。调研的结果是学生最喜欢的学科教室依次是：生物、思想品德、历史、语文、英语、数学、地理。作为数学教师，我感到特别意外。当时我想的是能够达到良好以上就行，因为毕竟是刚刚开始做，但是没想到会排倒数第二。

我不停地反思，数学学科教室建设到底问题出在哪儿了。我在教室里面摆满了和数学有关的书，在墙上贴满了和数学有关的挂图，为什么学生还是不喜欢？学生反馈的信息是这样的：这节课怎么没有课堂检测呢？这节课怎么没让我提问呢？老师很关注我们会不会做题，但为什么不问问我解这些题时是怎么想的呢？今天老师讲了好几道例题，为什么不讲这些题目之间的联系呢？我的回答有点儿啰唆，老师怎么没有提醒我呢？不同的学生提出的问题是不一样的，但是，他们有一个共同的关注点——关注了学科教室里面的课堂，关注了自己在课堂上的主体性。看到学生的反馈意见，我有很多感慨。学科教室的魂在人，而不在你准备的东西。好在我们改进之后，学生的反馈意见有了很大改观，对数学学科教室的满意度从倒数第二变成了倒数第三，已经到了良好以上，从每一点儿小的进步中都可以看出我们的努力。

慢慢地，我的数学课堂已经完成了从“以我为中心的讲授”，到“以学生为中心的学习”的转变。这里面有这样的一个故事，叫作“没有人看的数学书与《丁丁历险记》”。我在数学学科教室里摆放了《对称的历史》《数学的语言：化无形为可见》《数学思想概论》等图书。我非常喜欢这些书，我之所以把这些书摆在学科教室里面，就是因为我认为它们通俗易懂、适合孩子们读，而且内容恰好与这段时间的数学学习内容相匹配。但是孩子们不喜欢。那段时间里，我一直在想怎么能够把我喜欢的书推销出去，哪怕让学生翻一眼，看完之后再说不喜欢。有一件事让我记忆犹新。我到生物教室找一个学生，那个学生就问我：“老师，你怎么进生物教室了？”当时学科建设确实取得了很大成功，学生认为，数学老师就应该出现在数学教室里。我当时的回答居然是，“我原来是教生物的”。我鬼使神差地说了这么一句话。所以，很长一段时间里，我所在的年级里面流传着一句话：“周老师为什么不教生物改教数学了？是生物太差，还是数学太好？”那段时间里，我一直在思考怎么能够把学科教室建设得更好。一个偶然的机会，我和校长一起和一个初一的家长聊天。校长向这位家长推荐《丁丁历险记》。我当时脑子飞速地运转：学生会喜欢这种漫画吗？如果学生喜欢，我也放一套在我的学科教室里面。如果学生想看，我就开展“看一赠一”活动：看一本《丁丁历险记》，配一本《数学的语言：化无形为可见》；看一本《丁丁历险记》，配一本《用计算的观点看世界》。后来我实在没办法了，在初二的时候我真的买了一套《丁丁历险记》放在教室里面。我没想到，学生真的很喜欢。一个男生跟我说：“我小学就喜欢看，到现在我也不烦。”当然，“看一赠一”活动没有开展起来，因为学生说这是强买强卖，我就放弃了。

《丁丁历险记》这件事让我进一步思考：我的学科教室有没有充分展示学科特点？是不是为学生成长服务的？我的眼里到底是成长中的学生，还是学数学的学生？《翻转式学习：21 世纪学习的革命》的作者在书中写了这样一段话：“我还是个年轻的物理学教授时，曾经很努力地讲授了一系列激动人心的课程。有一天，有个毕业生来到我的办公室，语气中透出愤怒与悲哀，‘你把我的生活给毁了！’‘这是怎么回事？’我问道。‘我上大一时选了你的课。因为你把物理学讲得那么趣味横生，我才决定选物理学作为专业，直到上了高年级我才意识到，自己实际上对这个科目兴趣不大，我的才能和目标是在别的方面。就是因为你，我的整个大学都被浪费了。’”

我的感慨是：优秀教师更有可能让学生迷失自我。在优秀的数学老师面前，所有学生都认为自己有学好数学的天赋。不过崔永元老师还挺明白的。他说即便遇到我，他也不会走数学这条路，这才是正常人的发展轨迹。我们解读优秀教师时经常引用这句话：“亲其师，信其道。”现在这个时代要求我们必须勇敢地向前迈一步，就是帮助孩子“明其志”，帮助孩子梳理自己的志向与所信的“道”是否相匹配，叫作“明其志，志同道合”。那么，我的学科教室里到底该放哪些书？我认为，数学应该为孩子未来成长提供积淀，让孩子找到自己的内动力。于是，我就放上了《做最好的自己》《看见》《乡土中国》《全球通史》《杰出青少年的7个习惯》等我喜欢读的书。我非常高兴地看到，目前《给讨厌数学的人》这本书没有了，也许是被讨厌数学的孩子拿走了。我希望学生能和这本书产生共鸣。

非常高兴的是，在刚刚结束的初三第一学期，“学生最喜欢的学科调查”结果显示，数学已经排到了第一名。之所以学生能对数学有这么高的评价，就是因为经过这两三年的时间，我们发现学科教室建设中最重要的已经不是我们在学科教室里面的课堂教学效果，以及教师给学生提供的学科素养，另外一个因素更为关键：我们的学科教室承担着对每个学生进行个别化教育的职责。在实行选课走班后，行政班消失了，所有教师都应该是班主任，都应该是导师。我觉得就是因为我们更加关注个别化教育和全人教育，使得我们的学科教室更受学生的欢迎。

/ 满足学生自我实现的需要 /

说到个别化，我走过一段弯路。“为每个学生的学习而设计”是我们努力要做的一件事。要做到“为每个学生的学习而设计”需要做到以下几点。第一，做到学习标准的个别化。我们按照国家的课程标准把每一章的知识细分为几个知识点，又把每个知识点细分为不同的层次，而且用通俗的话语让每个学生明白。第二，做到学习方式的个别化。每个学生的学习方式是不同的，每个学生都可以根据自己的情况选择任何一个点切入。第三，做到学习内容的个别化。例如，同样是二元一次方程组的诊断练习，每个人诊断学习的内容都是不一样的，要基于学生在学习过程中产生的问题。第四，做到学习资源的个别化。我们在假期里为学生们布置的作业不是统一的，会针对每个学生这个学期中的问题提供一份假期学习建议。

有一天，有一个数学学得很好的学生跟我说：“老师，我不喜欢数学。”我想，一定是我在某个环节出了问题。有了个别化，学生也不一定认可。问题到底在哪儿呢？我是关注学生学习的个别化，还是关注学生个体成长的个性化？我发现，我所有的个别化学习设计都是从我出发为这个孩子设计学习轨道。人的需求是从外部得到的满足逐渐向内在得到的满足转化的。当学生学习数学已经不成问题时，他内在的满足到底是什么？我教的孩子大多是“90后”，他们的生理需要、安全需要、社交需要和尊重需要已经不是太大的问题，我觉得他们更多的就是自我实现的需要。

有一个学生特别喜欢数学。有一天，我随口说了一句：“数学其实也可以不选。”他马上接了一句：“数学难道也可以不选了吗？”当时学生都想知道我下一句话该怎么接。我听了这个孩子的反问，脑子里一片空白。我没有回答，接着说下面的事情。我后来想了一下，之所以这么说，是因为我潜意识里希望孩子们哭着喊着说：“老师，我们一定要选。”结果，孩子的反应不是这样。所以，当我们的数学课是分层必选的时候，我们也要考虑学生是为需要而学，所以他要选择，而我们老师是为学生的成功而教。

/ 选课的烦恼 /

我在课程问题上也走了很多弯路。为了发现每个孩子的不同，唤醒每个孩子的潜能，启动每个孩子的内动力，学校构建了分层课程、分类课程、综合课程和特需课程供学生选择。杜威曾说，唯一真正的教育是通过对儿童能力的刺激而来的，这种刺激是儿童自己感觉到的社会情景的各种要求所引起的。学生在学校是通过学习各种课程完成知识学习和社会化过程的。所以，我们的课程实际上也要模拟社会情境、各种需要对学生能力进行刺激。

我们开设了丰富多彩的课程供学生选择，但是也遇到了很多问题。艺术、体育类课程丰富多彩，所以学生要抢；数学、物理有高端课程，学生盲目跟风。学生常常纠结，历史、地理、生物到底是初一选还是初二选。学生有了选择的权利，但不一定会选择。课程建设的着眼点应放在学生个体认识的独特性和经验的自我建构上。我们应该尊重每个学生的特殊需求和不一样的成长方式。这样，课程的价值才会凸显出来。但是，学生并不清楚自己的独特性是什么。糟糕的是，有的时候我们老师也不太清楚。

所以，当我们让孩子们选择的时候，我们要明确，选择的前提是学生具有感知被选择物差异的能力。如果没有这样的能力，选择只会使人变得迷茫和沮丧。我们的程序应该是这样的：提供丰富多彩的课程，赋予学生选择的权利；帮助学生进行选择，让学生形成选择的能力；在这个持续不断的选择过程中，学生发现自我，最终成为他最想成为的自己。所以，选择的流程可以是，选择了，适合，我就发展；选择的过程也可以是，选择了，发现不适合，再重新选择。可以是为了喜欢而选择，也可以是为了适应、挑战、尝试而选择。

有一个为喜欢而选择的例子。有一个学生从小对经济感兴趣，并喜欢买东西，进入十一学校之后就创办了“DAI 淘宝理财社”。这个孩子的学习成绩很普通，但在十一学校优秀不是单纯用成绩衡量的。孩子可以在不同的社团中找到自己的位置，成为这个团队中不可替代的人。这个学生就是在一次又一次的选择过程中，发现自我、了解自我，最后成为理想中的自己。

我从 2012 年开始带的这批孩子今年上初三，我自己曾经希望孩子们在初中三年都能厘清志向。但是，三年过去了，我作为导师带的这 18 个孩子，只有 3 个对未来有了初步的想法，一个想做生物方面的工作，一个想做法律方面的工作，一个想当中学体育老师，其他人还在思考。我有时候问自己：只有 3 个孩子有了自己的志向，我的教育是不是失败了？什么才是教育的成功？之前在课堂上问我“数学难道也可以不选了吗”的孩子，前两天写了一篇名为“我的成长”的随笔，看了以后我十分感慨。他在随笔中是这么写的：“在学期开始前，选课是一个很大的难题。但是同初一时不同，我担忧的并不是无法和好朋友一起上课，而是担忧对自己有用的课程名额满了怎么办。”所以，当他再跟我说“老师，我还没有想好”时，我想，他已经在想了。我给孩子回复的短信是这样写的："你们能感受到学校为你们提供的一切，并开心地在这里成长，这一点让我特别感动。"一个教师能开什么课程并不是最重要的，重要的是课程的定位到底是仅让学生学知识还是为他未来的成长打下基础。

心理学认为，一个人幸福的体验来自自我行为上表现出来的自发、主动、探索、投入、坚持、选择和自我调节等特质。这就是我们课程设置的所有内涵。

最后，我想说一下 2014 年让我很有触动的两个"外星人"。第一个"外星人"是马云，他年少的时候经历了很多挫折。第二个"外星人"是自己把自己称为外星人的李娜。2014 年，这两个"外星人"有了一个交集，就是 2014 年 9 月 19 日李娜宣布退役，马云的阿里巴巴在美国纽约交易所上市。我发现他们有一个共同的特点，就是在他们小时候或者在他们没有成功之前，没有人相信他们能够成功。所以，当他们取得成功的时候，或者是其他人，或者是他们自己，都把成功解读为"外星人"。我希望在这个时代，我们的学校、我们的老师能够勇敢地走出来，在马云、李娜、崔永元或者一个很普通的人的学生时代，就为他未来的所有可能做好准备，相信并帮助他成为理想中的自己。一切皆有可能。谢谢大家！

/ 学生献花 /

崔永元 / 刚才周老师提到我的名字，我的眼泪都快下来了。我如果在小时候碰上周老师，就不会混得像今天这样了，怎么也会比马云混得好。我仔细听了您的课，我还是没有听懂，我实在是太笨了。但是，有一点我听懂了，您尊重每个学生，尊重他们的个性，甚至尊重他们的选择。向大家介绍一下，为您献花的这个学生是谁？

周志英 / 这是我儿子。

崔永元 / 你评价一下你的母亲吧，可能你最有资格了。

周志英儿子 / 她是一个尽职尽责的好老师。

崔永元 / 哪儿有这么说母亲的？当然，母亲也是老师，是你人生中的第一位老师。你觉得她作为一个母亲怎么样？跟别人的母亲比一比？

周志英儿子 / 不怎么样，因为总是见不到面。除了周末见个面，别的时候都没时间见面。

崔永元 / 你多大了？

周志英儿子 / 16 岁。

崔永元 / 16 岁还腻歪着母亲？

周志英儿子 / 我对此不发表评论。

崔永元 / 别说 16 岁，116 岁都离不开母亲。每个孩子对母亲都有这样的要求，这个要求一点儿也不高。但是如果你的母亲是一位老师，你的要求，她可能永远也满足不了，这就是一个好老师和一个好母亲最大的矛盾，希望你能理解。再次把掌声送给我们的周老师！谢谢您，谢谢您的儿子！

周老师，请留步，咱们还有下面的环节。也请王老师和闫老师再次上场！经常有人对我说：“你怎么那么好玩儿啊？你一说话，我们就想笑。”我觉得特奇怪，我从来没有想开玩笑的意思，我就是说真话，我心里是怎么想的就怎么说。但是我们在生活中太少听到有人说真话了，所以他们就笑话我，他们说：“你都五十多了还这么傻，还说真话。”

实话实说

/

崔永元对话
王春易、闫存林、周志英

/

崔永元 / 还是请王老师先说吧！现在大家都在讲“中国梦”，您也讲讲您的梦吧，特别实在的。您希望学校下一步给您提供什么样的条件？

王春易 / 希望多给一些学习、充电的机会，属于自己的时间再多一点儿。

崔永元 / 就是到国外深造的机会吧？可以具体说说想去哪个大学吗？

王春易 / 没敢期待那么高。

崔永元 / 像普林斯顿大学那样的学校行不行？

王春易 / 我觉得如果有这样的机会，那真是太好了。

崔永元 / 我觉得见到校长的时候，你就直接跟他说，你就说：“这样的机会能不能给？不能给就不能给，我们自己想办法创造这样的机会，哪所学校能给这样的机会就调到哪所学校去。”假如我们还在十一学校，您还有什么样的愿望想实现？

王春易 / 还有很多。实际上有很多工作才刚刚起步，存在很多问题和不完善的地方。

崔永元 / 说一些具体的要求，校长能帮助你实现的。

王春易 / 让我明年去教生物课，让我明年回到课堂。

崔永元 / 这个很简单，我同意了。你是不是希望能有一片新的实验基地呢？

王春易 / 当然了，我们本来有一块地，但现在被很多家属瓜分了，他们种了各种各样的东西。

崔永元 / 有个学生为你准备了一个礼物。请上台。

学　生 / 我们之前上课的时候听一位同学说，王老师特别喜欢花花草草，我们还知道王老师特别希望建一个小的植物园。所以，我们跟学校的领导商量这件事情，说能不能为王老师提供一片地。我们张书记说，我们学校国际部的六楼要改造，可以分出一片地给王老师作为植物园。这是我们送给王老师的礼物。

王春易 / 太好了！谢谢！

崔永元 / 希望很快就能见到美丽的植物园。闫老师，您也说说？

闫存林 / 我现在希望自己的生活能够逐渐慢下来，想有一个学术沉淀期，能够把自己以前的工作做一个总结。另外，我一直想把我们的教材理顺，把教材推行出去，让更多人接触到，帮助广大语文老师在教学过程中更加得心应手。

崔永元 / 我理解你们的想法。为什么老说要去深造？为什么老说要总结？因为不管我们进步得多快，我们都跟不上学生的进步、跟不上时代的进步。比如，我在学校教历史，辛辛苦苦准备的教材，学生在百度上几分钟就能查到。有什么办法呢？闫老师，您有没有想过，怎样读更多的书？

闫存林 / 自己强迫自己抽时间阅读，每天读几十页。

崔永元 / 那些书都是谁送给您的？

闫存林 / 自己买的。

崔永元 / 自己买书啊？您就没有想过有人送您书吗？

闫存林 / 也有人送。

崔永元 / 有没有想过有人一下送您 100 本书？

闫存林 / 没有。

崔永元 / 没事儿，现在我们要送您一批书。您要愿意买，当场付钱也行。我们举行送书仪式。

闫存林 / 谢谢！

/ 一位老师上台送闫存林老师一套《汉译世界学术名著丛书》/

崔永元 / 《汉译世界学术名著丛书》一共有多少本？

送书老师 / 可能有 100 多本，具体我也不清楚。

崔永元 / 不是 100 多本，我告诉你，这套丛书有 400 多本。我那套就是别人送的。现在有一个问题，闫老师，您的书房现在有书吗？

闫存林 / 有。

崔永元 / 能装下 400 多本书吗？

闫存林 / 装不下，空间很紧张。

崔永元 / 您问问校长该怎么解决这个问题。您教的语文课，文科的孩子特别喜欢，理科的孩子也喜欢。但是理科孩子喜欢语文的程度可能就不如文科的孩子，这个您会感到遗憾吗？

闫存林 / 现在已经没有太多的遗憾了，但是内心还会有点儿纠结。

崔永元 / 请您的学生在现场给您表演诗朗诵，您会高兴吗？现在，我们请上理科的学生，给我们来上一段诗朗诵。

/ 诗朗诵，略 /

崔永元 / 本来会议日程还有一个安排，让我在所有环节都结束以后，为大家讲 30 分钟的课。这倒没有问题，讲 300 分钟也没有问题，因为我们做主持人的，每天面对各种各样的质疑声，我们就是在这些声音中长大的。但是，如果让我当着这么多优秀的老师和校长说教师，我没有什么话可说，我也不敢乱说。教育是一辈子的事，十年树木，百年树人。教育的目的不是培养人才，不是培养大学生、博士生，我们就是为了培养人，就这么简单的一件事。

我经常拜访李校长，我真的想为教育做点儿事，我跟他说：“咱们能不能开个教育博物馆？”李校长觉得这个想法挺好的，他支持我。我带李校长去看了我的仓库，我收集了许多跟教育有关的东西，包括各个年代的课本、学生的日记本、作业本、奖状，还有民国时期学校老师和学生家长的联络手册。那是最让我感动的，因为那时的老师没有说学生的任何一条缺点，那是真的在培养人。我跟李校长商量说，我们一定要在十一学校开一个教育博物馆，把所有这些跟教育有关的书、论文、展品都做成电子版，然后向所有关心教育的人开放。我今天带来了一件展品，很珍贵，我想在现场送给十一学校和李校长。现在，我把这个展品给大家展示一下，请大家看一看。

/ 展品展示 /

崔永元 / 这是民国尺牍，它的主人是王一伟，他是湖南省第一师范学校的毕业生。这幅长卷记录了一位教师一生的经历，共有 40 米。我在想，我们每位老师都是这样走完一生的，我们每位老师都带着孩子描述了这样一幅长卷。也许我们没有亲手写，但是孩子们在写，历史在写。希望这幅长卷能给做教育的人和被教育的人带来启发。现在，我把这件珍贵的礼物赠送给十一学校的教育博物馆。

李希贵 / 特别感谢崔老师！因为我们有一些共同的价值追求，所以我们走到了一起。他始终为我们这个民族和国家的未来担忧，所以，他特别希望我们的学校实施的是真正的人的教育。崔老师在北京十一学校看到了一些亮光，以王春易老师、闫存林老师、周志英老师为代表的老师们，已经开始为我们这个国家未来人的教育做准备。正像孩子们在十一学校刚刚过去的成人仪式上所说的那样：“你所站立的地方，正是你的中国。你怎么样，中国便怎么样。你是什么，中国便是什么。你有光明，中国便不再黑暗。”今天我要说，今天我们老师脸上有灿烂的笑容，我们这个国家未来就会有笑容；今天我们老师内心有宽容，20 年之后，我们就会是一个更加宽容的民族。

历史上还有好多好多需要我们认真探究、认真借鉴、认真思索的好东西。崔老师把这么珍贵的东西送给了十一学校，他还有好多好多东西要捐赠给十一学校的教育博物馆。我相信，当我们把它数字化的时候，它就会成为老师们可以共同享用的宝贵财富。我代表老师们谢谢崔老师！

崔永元 / 我主持过各种各样的活动，见过很多领导，见过很多明星大腕。我一次一次主持那样的活动，已经麻木了，感觉无所谓了，只不过是自己的主持生涯中多了一次活动。但是不知道为什么，我每次到十一学校主持活动，都好像终生难忘。

我第一次来十一学校是为了做一个公益慈善活动。活动时间很长，大概两个多小时。因为我是烟民，我下了台第一件事就是点着香烟。这个时候我听到有人说：“谁在抽烟？”有人说崔老师在抽烟。那个声音毫不迟疑地说：“把烟掐了。”我看了看，说话的是十一学校的一个学生，叫魏东，我现在还记得他的名字。我说好，我就赶紧把烟灭掉了，就像什么事也没有发生过一样。等我们谈完事情走出学校，我问：“可以抽了吗？”他说：“你抽吧！”后来我说：“我在人民大会堂都可以抽烟，为什么在你这儿不能抽呢？”魏东说：“因为这是我的学校。”

后来，我们到了一个饭店，我请他们吃饭。那个包间实际上是不能抽烟的，但是因为我脸熟，就抽了。我挑衅式地跟魏东说：“你看，这个包间本来不让抽烟，但我在这儿就可以抽。”魏东说：

“你是一个公众人物，我希望你最好不要这样做。”

我第三次跟魏东打交道，是他给我发了一封邮件，他说他要读国外的大学，需要一个有分量的人写推荐信，他说：“你能不能帮我写？”我告诉他：“不可能！”最后也没有写，但他顺利地考上了南加州大学。我到现在还记得这个名字，走到哪儿说到哪儿，因为他说“这是我的学校”。有一天他就会说“这是我的国家”。

我希望不只十一学校有这样的孩子，我希望我们所有学校培养出来的都是这样的孩子。学生从小就觉得这个学校是他的、这个国家是他的，他自然就会负责任。

还有一次我去十一学校，是参加狂欢节。我扮成蛇，倒数第二个出场，李希贵校长是最后一个出场。我出来后刚跟大家挥手，雪球就扔过来了，打得我睁不开眼。我心里挺高兴的，狂欢节就是见谁打谁。谁挨打挨得多，证明谁更受欢迎。之后，李希贵校长登台，这时候我看到雪球就像伊拉克战争的炮火一样打在他身上。也就是说，很多同学为了留这最后一手，没舍得把雪球扔给我。

是不是每所学校都允许学生用雪球打老师呢？我觉得，这值得我们做教育的人思考一下。做教育有一条底线，有一条上线，在这两条线之间都是我们自由想象和飞翔的空间。当我们为学生提供这么大而美好空间的时候，他们就能享受到学习的快乐，这就是我由衷地喜欢北京十一学校的原因。

我今天有幸主持了这样一个学术研讨会，我自己的内心也受到了很大的震动。因为我现在也是老师了，不是演艺圈的人了。我希望我在五十多岁的年纪，一步一个脚印，踏踏实实前进，教书育人。我希望在座的所有老师和校长，都把你们的学校建成孩子们的乐园，建成让孩子们魂牵梦绕的地方。等有一天他老了，坐着轮椅回到校园，他见到老师都不会说“老师好”，他会说“看咱俩谁的轮椅好。”到那一天，我们的教育就真的成功了。不管主管教育的人怎么想，也不管他们提出什么样的思路，我相信他们愿意看到每个做教育的人、每个孩子都喜欢这个国家，都希望用各种各样的方式让这个国家变得更好，因为那才是真正实现了“中国梦”。谢谢你们!

II

没有师生的幸福，哪来理想的教育？

时间

2015年5月9日

地点

北京 · 北京十一学校体育馆

主持人

崔永元：中国传媒大学教授

对话嘉宾

王笃年：北京十一学校化学教师

贺千红：北京十一学校历史教师

曹书德：北京十一学校语文教师

王笃年

/

30年，不断追问
学习的意义和本质

/

崔永元 / 大家好，我特别高兴又来到十一学校主持这样的活动。第一位要介绍的是王笃年，“笃”就是忠实的意思。现在我们通过一个短片先认识一下王老师。

/ 播放短片《科学界派往课堂的代表—— 一个不一样的理科老师王笃年》/

王笃年 / 这 30 年来，我一边教学一边不停地思考：我作为一个中学化学老师，到底要教给学生什么？哪些才是能够令学生终生受益的东西？

我非常赞赏《美国国家科学教育课程标准》上的一句话：“科学学科的老师是科学界派往课堂的代表。”

我已经十多年没有像说单口相声一样讲课了。化学是实验科学，所以学化学首先要从实验出发。其次，化学作为科学学科，它讲究的是逻辑。逻辑是由问题引发的，学生只有在实验中发现问题、提出问题，才会有教学这个过程。

我认为，还学生学习权、思考权、读书权是最重要的事。有了学科教室，学生就可以随时做实验。学生一节课可以“两起两坐”：站起来做一次实验，再坐下讨论一下这个试验；在遇到一些新问题的时候，再起来做下一次实验。在没有学科教室之前，像这样的教学模式是不可能实现的。

我的教学模式大致是这样的。首先是学生自学自研，一个章节如果有三节课的内容，我就给学生三个课时，让学生自学、自读。如今，网络十分发达，学生可以借助网络收集资料，自行解决遇到的问题。期间学生仍有一些问题无法解决，我就教给他具体的解决策略及步骤。在学生自学自研结束后，我会组织一次自学检测。然后，我会组织学生进行实验。进行实验的过程，实际上也相当于学生自学自研。之后，我让学生将自己仍没有解决的问题提交上来，把它们分门别类整理成一个一个小专题。我在课堂上组织学生积极讨论这些问题。这就是我讲课的过程。

北京十一学校高一学生吴明辉 / 我最开始对化学只是比较好奇，比较有兴趣，是王老师让我把这个简单的兴趣变成了一种爱好。

北京十一学校高一学生刘子辉 / 老王上课给我们一种感觉，就是学习还是要靠自己。

北京十一学校高一学生王艺洲 / 我在课下自学的时候确实遇到了很多问题，但在上课时这些问题都解决了，我觉得上课很充实。

王笃年 / 提问是需要思考的，特别是提出一些概括性的问题，需要学生具有非常强的思维能力，不是随随便便就能提出的。学生也正是通过这样的学习过程，逐渐学会了怎样读书、怎样思考，这就是学习。过去往往是老师讲，讲完学生就去做练习题，那种学习方式是单线的，是非常单薄的，虽不能说没有学习，但学习效率很低。

我认为，学生应该有质疑精神，能通过自己的阅读、思考发现问题、提出问题。提问能力也是慢慢培养起来的。每学完一个单元，我都会指导学生做一个总结，思考应从哪些角度入手想问题。有的学生提的问题特别多，我就鼓励他一边读书一边把问题写在纸上，如果读到后边的时候前面的问题解决了，就不要再把这个问题提交上来了。有学生一开始写了 4 页 A4 纸，七八十个问题，最后只剩下三五个问题。提出问题和划掉问题的过程对学生来讲是一个非常具体、有效的学习过程。

我认为要让学生对一个学科感兴趣，首先要使这个学科的知识跟学生的生活经验及以往的学习经历密切联系起来。

北京十一学校高一学生袁想 / 王老师让我们从生活中学化学。

王笃年 / 我平常不断地思考化学和生活的关系，同时，特别喜欢阅读有关这方面的文章和报道。

有人采访我的时候问过我，十一学校进行教学改革，我有没有过不适应，有没有过那种心灵上的纠结？我自己回顾了一下，感觉并没有。因为在此之前，我也是在一直不停地思考着教育的本质和教学的规律。

我 1985 年大学毕业，分配到我的母校山东省诸城县第一中学，到今年刚好 30 周年。我们这一代人受的教育就是这样，干一行爱一行。我当了 30 年老师越当越爱当，也就这样过来了。

清华大学计算机系学生赵培钧 / 我高二的时候整体状态不是特别好，比较贪玩，不喜欢学习，思想比较空虚，人比较颓废。有一天晚上，王老师就找到我，让我去他的办公室。王老师问我：“你觉得人生的意义是什么？”我说：“人生的意义是不是找一个好工作，赚很多钱，然后娶漂亮的妻子什么的？”王老师默默地拿起笔在书上写下了“拼搏”二字。

北京大学元培学院学生郑天行 / 我觉得王老师是一个经验丰富，

同时又很简单的人。

北京大学元培学院董馨阳 / 他是性格挺直的人，就是有一是一、有二是二的这种。

清华大学材料学院学生于超凡 / 有一段时间，我很犹豫是选汽车工程专业还是化学专业。他没有给我一个具体的建议，而是把我带到了一个化学的世界，然后让我自己来比较这两条路。

王笃年 / 我认为，我们教师应跟每个学生都好好相处，这是教师的任务。因为学生数量是有限的，如果我们放弃了一个学生，再放弃一个学生，最后我们可能就不剩下什么人了。也就是说，能够受到我们影响的、从我们这里接受教育的孩子就会越来越少。

我认为，老师首先要对学生进行学业上的指导，如果一个化学老师化学教不明白，不能教给学生最简洁、最高效的学习策略，那么再说别的也没有用。

我始终坚持认为理科老师就是讲理的。任何事情都有它的本源，我们一定要从本源上去考察别人的做法是不是合理、是不是正确，而不是一味跟着别人走，别人这么做所以我要这么做。我一定要自己想清楚这件事的合理性和价值所在，然后才按照自己内心确定的方向去做事情。

崔永元 / 这个片子我看得很仔细，王老师让我想起了我自己的专业。我做主持人的时候，有时观众问我的问题我回答不出来，我要掩饰，怎么办呢？我就说“你猜”。不光我们这么做，歌手也这样做。一些有名的歌手开演唱会的时候，会请大家一起唱，你知道为什么吗？他忘词了，所以让大家一起唱。王老师是教化学的，他最主要的特点就是让学生自己去讨论，让学生自己去分析。这样一位老师是怎么成为十一学校著名教育家的呢？我们一定要听他自己说说，让我们用掌声欢迎王老师。

主旨演讲：30年，不断追问学习的意义和本质

王笃年 / 非常感谢大会给我这个机会，我想和大家分享我从教 30 年来的一些心得。

/ 阅读成就了我 /

其实说起来，我这个人的个性不是特别适合当老师，比较倔，不柔和，当老师纯属偶然。我 1981 年高中毕业，正赶上"文革"结束、拨乱反正，国家开始重视教育、重视人才培养，重视教育一个重要的举措就是师范大学优先招生，结果我以高于我第一志愿几十分的成绩被我的第四志愿院校，也就我的母校山东师范大学录取。刚上大学的头一两年我没什么感觉，人家上课我也上课，人家做题我也做题，真正让我对教育有真切的了解，让我下决心要干一辈子教育的是苏霍姆林斯基的《给教师的建议》。我相信绝大多数老师都读过这本书，这本书是对我的人生影响最大的一本书。苏霍姆林斯基对我的影响是根深蒂固的。他所讲的教育学之所以能够成为经典，我觉得主要是因为他讲的是"培养人，教育人"。

参加工作以后，我又陆续看了《帕夫雷什中学》《爱情的教育》《给儿子的信》。参加工作之初，我有幸在高中的图书馆里翻到《马卡连柯全集》，这套书共有七本，我第一册读了两三遍，其他册都读过一遍，因为苏霍姆林斯基称马卡连柯为自己精神上的导师，马卡连柯也是主张"培养人、教育人"的。在这段时间，我还读了很薄很薄的只有四五十页的世界教育名著、美国人布鲁纳写的《教育过程》。这本书在英才培养方面给了我很大启发，比如，他认为对优秀学生完全可以实行直线式课程，不用螺旋式课程；他认为理科

教育有的时候是不一定是完全的逻辑化，可以是跳跃式的。我还读了赞科夫的《教学与发展》《和教师的谈话》以及《教学论与生活》，这些书都给了我相当大的启发。尽管赞科夫在我们国家经常受到一些非议，但我十分欣赏他的“五大教学原则”，包括高难度教学的原则、高速度教学的原则、理论知识起主导作用的原则、让学生理解学习过程的原则以及使每一个学生得到一般发展的教学原则。我之所以能够把这五大原则说得非常清楚、明白，是因为我基本上都做到了。

我 1985 年大学毕业，那时片面追求升学率的现象是非常普遍的。那时候有一句话，叫“以纲为纲，以本为本”，意思是说教学不能超出教学大纲和教科书的规定范围。我对这句话不怎么感冒。作为一个师范学院毕业的老师，我一直坚持一个观点，就是学生越优秀我就越高兴。我不在乎学生学的内容超出教科书、超出大纲，我认为只要孩子乐意学而且他能接受我就可以教。但是那个时候一级一级的业务管理部门，从学校教导处到各级教研室，经常来学校视察、听课、查教案。我经常被质疑所讲的内容超纲了，但是说实在的我没有因此而改变。

我 1991 年第一次送毕业班，我在我高中的化学老师、我的班主任，当时是我同事的王清安老师的支持下，尝试着按自己的思路组织中学化学总复习，这个尝试应该说是非常成功的。我进行了两个改革。第一个改革是“以理论知识为主导，改革中学化学总复习”。我为什么会提出这种说法？当时有老师努力设计各种实验，以实验来带动高三的总复习，我就有点儿疑惑。因为高三阶段总复习是一个再认识的阶段，应该是从理论的高度带领学生对原来学过的一些基本知识进行深入理解，进行综合性的梳理，而不是以实验来带动总复习。

第二个改革就是我针对当时的“大专题、大单元复习法”做的“小专题复习法”。我把恢复高考制度以后十几年来的高考题全都找来，然后把题目按照知识点归类，归到 50 个小专题。我刻了 100 多张卷子，学生高三一年只做了这么 100 多张卷子。成绩怎么样呢？当时全县有两所重点高中，一共有 13 个高三毕业班，高考上 90 分的人数是 35 人，我教的两个班就出了 10 人，所以我感觉是比较理想的。当然，这些辛苦没有白费，我归纳的 50 个小专题被山东教育出版社整理出版，虽然只是本练习题，但对我来讲也是莫大的鼓励。

/ 培养学生真实的学习能力 /

1992 年，我意外地获得了一个机会，被选为教育部赴日本的公派留学生。这给我提供了一个梳理自己过去教学经验的机会。因为我是教高中化学的，所以我非常关心发达国家的理科教育，到了日本就跟人家要教学大纲。但说来说去总说不明白，其实不是说不明白，是人家没有教学大纲，人家叫“学习指导要领”。这个“学习指导要领”与现在十一学校的教学细目十分类似，是非常厚的一本书。我拿过来一看就傻眼了，在日本，理科教育的目标是人格的养成，培养孩子对自然和生命的正确态度，以及面对未来世界的决策能力。这些跟我原来理解的化学教学完全不沾边。后来我深入中小学，跟学生交流，跟老师交流，到社会上跟大妈们交流，忽然意识到，在日本科学早就成为一种妇孺皆知的、普通人都能掌握的一种大众文化现象。这对我的启发就是，教化学不能仅仅只教给学生一般的知识和解题的技巧。

1998 年，我有幸参加了山东省教学研究室尹鸿藻老师和山东师范大学的毕华林教授共同组织的一个有关培养学生学习能力的课题研究工作。这个课题对我的帮助很大。那时候我们国家出现了“素质教育”这个概念，大家提倡素质教育，反对应试教育。当时我们就想，素质教育在不同年龄段的学生身上，应该有不同的内容。对中学生来讲，素质教育就是不再简单化地只学那些可怜巴巴的学科知识，而是有规划地培养学习能力。那段时间，我进入了人生中第二个阅读高峰，先后读了不少书，非常认真地读了好几遍皮连生的《学与教的心理学》，还阅读了美国认知心理学家加涅的学习结果分类学说、奥苏贝尔的“先行组织者”等有关书籍。我发现，我们国家在鸦片战争后的几十年，很少有人认真地研究人文社科领域的认知科学，而欧美国家虽然也经历了“一战”和“二战”，但是他们应该说相对比较稳定，一直在做这方面的研究。

我们的课题研究取得了非常丰硕的成果。我们提出，学习能力不是虚无缥缈的，而是高度网络化、概括化、程序化了的知识、技能、方法策略的总和。所以，学习能力不是看不见、摸不着的。做题能提高能力吗？能，但能力不是按秩序提高的，是“乱”提高的。另外，我们又提出，学习能力只有在真实的学习过程中才能形成。这就跟运动员绕着跑道跑圈一样，外人看上去运动员在跑了很多圈后还是回到原点，好像没有什么效果，但是他的肌肉变得更发达了，他提高能力了。

我们课题组成员编写了一本关于学习能力的专著，叫“学习能力学”。从这本书可以看出，我主要的教学策略是以问题带动教学。我给学生设计问题，学生再带着这些问题读书、讨论、学习。

/ 新的机遇，新的挑战 /

2003 年我来到北京。来北京之前，我的一些好朋友、老同学告诫我：“你在地方上教的都是重点高中的实验班。北京高考录取分数线那么低，学生水平可差了，你可要做好思想准备。”结果我刚来到十一学校，就被学生问住了。有一次，2003 级的一个学生给我提了一个问题，这个问题我相信不管你是学文还是学理都能够听懂。这个问题是这样的：初中化学中有一个内容是金属活动性顺序表，其中锌远远地排在铜的前边，锌是可以置换氢气的，铜不能。我讲元素周期律的时候，我说“同一周期元素，从左到右，元素的金属性逐渐减弱，非金属性逐渐增强”。但是锌排在铜的后边，根据元素周期律应该是锌的金属性比铜弱。这个问题把我问傻了眼，幸亏我的同事厉害，帮我查资料把这个问题给解决了。那时我忽然意识到，对好学生来讲，不能只靠老师在那教、教、教，只有老师教的话学生就只能达到老师的高度。所以我意识到一定要让学生动，让学生学。那年我正好在读同等学力的硕士学位，我就选了一个资优生培养方面的课程构建类研究，最终形成了“大单元、五环节教学模式”。

“大单元”就是以章为单元进行教学，不再一节一节讲。“五环节”是学生先自学自研，提出问题，再将写问题的小条交给我；然后我再组织自学检测，组织课堂讨论和学科实验；之后，学生在课外做一些练习；最后进行单元检测和讲评。我上课用的 PPT 上都是学生的问题，没有教案。所以我经常跟人说，我已经十多年没有正经地给学生讲过课了。我这个办法确实能够起到一定的效果，学生也比较喜欢。

2007 年，李希贵校长来到十一学校，开始推动他酝酿已久的课程改革。我觉得改革的核心理念就是减少教，减少老师对学生的过度干预，增加学生的自主性。我承担了一个重要的任务，就是构建化学 3 课程。应该说这几年确实比较辛苦，但是成效非常大。我写了四本书，其中三本由人民教育出版社出版。

化学学科教室我是梦寐以求的。为什么这么说？因为化学学科教室使化学实验的教学回归到它本应有的位置。过去是学完一章，学生到实验室做一些验证性实验，做完了就完了，都是先学后做实验。现在我们随时可以做实验，这件事不得了。

2010 年，随着课程改革的推进，十一学校申请建设了一个科学实验班，我有幸成为首届科学实验班的班主任和学校科学实验班课程的主管。这个班只招了 30 个学生，最后有 7 个选择出国念大学，念的都是比较好的学校，包括加州大学洛杉矶分校、加州大学伯克利分校、康奈尔大学等。

我想跟大家分享一个故事。我不讲高考成绩好的学生，就讲一个科学实验班中高考考得最差的学生。这个学生有个特点，那就是对计算机十分热爱。他上课时没有课程意识，每节课他都要出去溜达一会儿。他比同班同学小两三岁，管不住自己。但是他对计算机的热爱超出一般人的想象，那么厚的 C++ 英文原版书，他愣是抱着看。科学实验班有一个弹性学制。在高一结束后，好多人都说，这样不行，你得让他下去。我说："你让他下去，他还是最小的，他还那么折腾，再过一年还是这样。"所以我就保住他让他上。最后，北京邮电大学慧眼识珠，录取了他。他刚进大学的门，参加"华北五省市大学生机器人大赛"就拿了一等奖。他妈妈告诉我他获奖的消息后，我就上北京邮电大学的网站看。这个学校有五个项目参赛，只有他所在的项目获了一等奖。这样的孩子如果我们非要按着他死学课本上的那些知识，未必能取得好的效果。

虽然我今年有五十多岁了，但是我还是要下定决心，迎接网络时代的新挑战。今天跟各位分享到这里，谢谢大家。

崔永元 / 我刚才在旁边听了半天，就想听王老师怎么说，到后来他还真的说服我了。他主要的特点就是不讲，学生自己提问题，自己解决问题，然后有学生把他问住了，就有别的老师帮他解决，这是一个聪明的办法。我们给别人当老师，不能觉得我们一定比别人强，我们什么都知道，那样可能就当不了好老师了。

贺千红

/

在不断变化的
时代要求自己胜任

/

崔永元 / 一个苏霍姆林斯基影响了多少代教师，一部《乡村女教师》影响了多少代教师。

现在我也在教历史，面对孩子们提的问题，我也经常发懵，因为我知道好多种答案，但我也不知道哪个是真的，所以不知道该给他讲哪种。

马上要登场的是十一学校的历史老师贺千红，我估计她怎么也能知道一些历史。我们先认识一下贺老师。

/ 播放短片《柔美的相遇——北京十一学校教师贺千红印象》 /

贺千红 / 我喜欢这样一句格言："如果你有两块面包，要用其中一块换一朵水仙花。"我希望生活和教育中都多一些诗情画意，多一些情调和色彩。在对学生的教育上我也希望能用比较柔美的方式去抵达他们的心灵。

我 1989 年从北京师范大学毕业，毕业后来到十一学校，刚到十一学校的时候对学校印象挺好的，觉得这所学校很大、很美。应该说我喜欢做老师，从小学、初中一直到高中，我遇到的老师都很关注我，经常开导我、肯定我。那种感觉至今想起来都挺温暖的，我也想传递这种温暖的感觉。

很多人都认为历史是过去的人和事，学习它的意义不大。但在我看来却是小学科、大意义。我觉得历史像一面镜子，走进它能够照得见我们自己。历史是全人类共同的传记，更是我们可以参详的经验。我特别希望通过对这些重大话题的深入分析让学生明白，一个人、一个民族、一个国家的艰难成长史，体会到历史是有痛苦、有矛盾、有思想、有人性、有曲折、有发展、有启迪的，从而从历史中获取更多有利于自己成长的教益。我们力图引领学生更多地关注历史背后的人情、人性，例如，从唐太宗的身上知道为政者应具备心存百姓的大情怀，从王安石的身上知道改革的艰难，从甘地的身上知道以仁爱之心对待他人的品质是多么可贵。我想，很多年以后，一些具体的知识学生可能已经遗忘了，但是这些历史人物带给他的感动，带给他的心灵震撼可能会让他记一辈子。

我希望选我课的孩子，在课堂上有一种被关注、被重视的感觉。我在他们这个年龄段的时候，就很希望被老师关注和重视。我想，人同此心吧，所以，我努力地记住学生的名字，在课堂上我尽量点到而且点准每个孩子的名字，让他们感觉被关注到了。

北京十一学校学生郭华苓 / 我觉得贺老师是一个非常认真、细致的人，她非常有气质而且有魅力，是我们大家都非常喜欢的一位老师。

北京十一学校学生胡斌祺 / 贺老师的一举一动都在影响着我们。

北京十一学校学生郭华苓 / 贺老师对生活和人生都有自己的认识和见解。多和她谈一谈，自己感到迷惑的事情也会多一些思考的角度和方向。

贺千红 / 我希望我教过的每个孩子，内心都是感觉比较安全的。现在的孩子在家里边都是重心，应该说很多孩子不缺乏爱，但是来自老师的爱可能不同于家庭的这种爱。从老师这里得到的肯定，可能会极大地增强学生的自信心。

北京十一学校毕业生李雪梦 / 贺老师一直没什么变化，一直很漂亮。她对我们的影响很大，而且是从细微之处影响我们。

北京十一学校毕业生胡皓 / 贺老师是我的高三班主任，我们班跟贺老师的感情很深，我们叫她“红红”。毕业后同学们每年都会来看望贺老师。

贺千红 / 我们作为教师要有所担当，我认为教师应该成为学生的一种审美对象，就是学生不仅能够从你这里得到学识，还能从你身上学到修养、品行，从各个方面来看他都觉得没有白白地与这位老师相遇。

我有时候也有特别想退休的感觉，但是，睡一觉，太阳升起来了，新的一天开始了。十一学校这几年对我们教师的要求越来越多，例如，我要参与过程性评价的工作坊，还要承担咨询师等工作。这就需要我全方位地提高自己的能力。有时候工作完不成，家就成了第二战场。好在我的先生和孩子都曾经是“十一人”，所以对我的工作也给予了充分的支持。

我思想挺传统的，我觉得女性应该在家庭方面有更多的付出，如果我忽视家庭，我自己都过不了自己这一关，所以必须要想方设法地协调好家庭和事业的关系。

北京十一学校历史教师张美华 / 贺老师的家庭生活非常非常和睦、幸福。她对工作可以说是追求极致的完美，就是永远没有止境地去追求完美。

贺千红 / 我不是完美主义者，我只是希望能够做得更好。我一开始工作时大家讲要敬业，我理解这个“敬”在很大程度上还包括敬畏。

我确实对教师这份工作存有敬畏之心。我有了孩子以后，特别希望孩子在求学路上能够遇到一位好老师，我想所有家长肯定都是跟我一样的心情。我也经常在想，高中阶段应该是学生人生中最美好的年华，学生在最美好的年华与我相遇，所以我要求自己不能够辜负他们。

教育让我的生活更充实，让我找到了更高层次的幸福之源，所以也可以说教育使我的生活更完美。

崔永元 / 现在特别流行一个词叫“颜值”，贺老师的颜值特别高。不知道现在的孩子怎么想，在我们那个时代，遇到颜值比较高的老师你就惨了，因为你上课会走神儿。幸亏我的历史老师是个男老师。

刚才我跟贺老师一起看这个片子，我觉得她很激动，心里不平静，我也特激动，心里不平静。贺老师说了一句话，她说“我现在有点儿紧张，好像要断片”。我有办法让她放松下来。

我们用热烈的掌声，欢迎贺老师走上演讲台。

贺千红 / 谢谢崔老师。

崔永元 / 刚才贺老师说她有点儿紧张，我们做主持人的受过这方面的训练，我告诉您怎么做不紧张。您看现场有这么多人，您就当现场只有一个人，所以您讲的时候，眼神只跟一个人交流。比如，就盯着这个人，然后他会频频地跟你点头，您就不停地跟他说，等到他的目光转移了，说明他可能有点儿累了，你就换下一个人。就只跟一个人讲，这样你就会特别放松。

让我们用热烈的掌声欢迎贺老师给我们上会儿课。

主旨演讲：在不断变化的时代要求自己胜任

贺千红 / 各位老师，大家下午好。我今天和大家分享的主题是“在不断变化的时代要求自己胜任”。

我喜欢做老师，因为在我的成长道路上，我的小学老师、初中老师、高中老师和大学老师，他们都肯定我、关注我、影响我。那种感觉至今想起来都很温暖，我从心底对老师抱有崇敬和感恩之情。

1989 年，我从北京师范大学毕业，来到十一学校，真的成为一名老师。我崇敬老师，敬畏老师。教书育人在我看来是一份特别大的责任。我问自己：我能像我的恩师一样，让学生心里充满阳光和爱吗？我能让他们回想起青春岁月时，心里有一种温暖、美好的感觉吗？因为敬畏，所以努力。从从事教育工作的第一天起，“胜任”一词就融入我每一天的工作中。我喜欢“胜任”这个词，因为它给我特别踏实和安心的感觉。

/ 信任改变了她 /

2005 年，我接手了高三文科班。刚走进教室我就发现有个女生和别人不同，她没穿校服，头发披散着，长长的刘海几乎盖住了半张脸。这在当时的十一学校是非常另类的装束。她用手卷起刘海，斜着眼睛看着我，态度非常冷淡，一副隔阂很深的样子。

之前召开高三工作会议时，年级主任曾经和我说过，年级里有几个问题女生，各方面的表现都不太让人满意，她是这些问题女生中的一个。750 分满分，她常常只能考三四百分，而且漠视校规校纪，常常迟到早退，甚至旷课。她耳朵上扎了很多洞，每天都戴不同的耳钉、耳坠。第一次与她见面后我找她聊，尝试着劝她：“你那么爱干净，每天早晨都要洗头洗澡，就已经比别人少睡好一会儿了，又成天想着戴哪个耳钉，多费神啊！刘海那么长，把美丽的眼睛都挡住了。我听你父亲说，你想在高三给大家一个惊喜。”她抬头看着我，沉默良久，说：“我考虑考虑。”第二天早晨，她校服也穿上了，耳朵也干净了，但是头发仍然披散着。我拿出早已经准备好的皮筋递给她，她看着我无可奈何地苦笑。后来她告诉我，她本来以为我要给她一个下马威，那样她就下决心跟我对着干，谁怕谁呀。她没想到我会站在她的角度替她考虑，轻言细语地跟她说话，她反而不好意思了。看着我递给她的皮筋，她说："你不仅心细，还是一个很难缠的人。"我们的交往就这样拉开了序幕。

高三个人规划会是高三起始工作的重要环节，我让她在会上做了一个发言。大家都没有想到，她心中还埋藏了那么多美好的愿望，全班同学为她热烈鼓掌。开学两周后她就在作文中写道："生活从来没有像现在这样美好。"我想，每个人的内心都有两个不一样的自我，是信任让她愿意向我们展示内心优秀的自我。在全班同学面前表达了想要变得更好的愿望后，她就要努力去塑造更优秀的形象，正是在塑造的过程中，她一点儿一点儿地发生改变。

开了一个好头，坚持和坚韧就显得更加重要。她申请上晚自习，我明明知道她有可能缺席、早退，甚至旷课，我明明知道她可能会影响大家，但是我不能让她还没有尝试就放弃，我同意了。很快就有同学反映：晚自习她常常为了去洗手间照大镜子进进出出；她常常离开座位无所事事地走来走去；她经常不在座位上，同学也不知道她去哪儿了。为了能够经常看到她，我增加了抽查晚自习的次数。走到她跟前时我总要多停留一会儿，以示我对她的关注和肯定。我还跟她约定了中午回班的时间，说是为答疑和休息留够时间，其实是为了减少她在外游荡的时间。

有很长一段时间情况已经有所好转，但有一天下午她又不见了，同学也都不知道她去哪儿了。我从三楼找到六楼也没看见她，心里突然有一些生气。十多分钟以后她回来了，告诉我们，她因为突然肚子疼，到医务室看病去了，来不及和我请假。我当时断定她是在撒谎，于是我很坚定、很冷淡地对她说："跟我去一趟医务室吧，我要核实一下这件事。"高三的女孩子自尊心很强，我想她一定不会答应跟我去的，这样我就有理由取消她参加晚自习的资格，没想到她一口答应。事实证明她没有说谎。她告诉我："你以为我真想跟你去？我真想跟你吵一架！我跟你去是想告诉你，我是一个仗义的人，我不会骗一个对我还算好的人。算了，我原谅你这种伤害别人自尊的做法。”

她之前曾经告诉过我，全班就属她最幸运，因为别人感受到的都是我温暖的一面，只有她感受过我严厉的一面。当时她是笑着说的，我也就全当她在开玩笑，是在夸我既柔且刚。但其实我没有听出来，她对我抱有更高的期望，她希望我能够一如既往地包容她、信任她、鼓励她。宽容的力量永远大于惩戒。十年后，她见到我时还对我说，能够遇到我感觉很幸运，永远爱我。她父亲称我为她女儿的恩师，说没有我就没有她女儿今天的优秀与懂事。

但每当想起这件事我都会脸红。2005 年我已经被评为北京市“紫禁杯”优秀班主任了，但我真的胜任了吗？我能不以爱的名义为自己的过失开脱吗？我能始终如一地信任每一个学生吗？我能始终如一地善待每一个学生吗？

/ 为每个孩子的成长提供空间 /

2001 年 9 月，那是开学后的第一堂课，小 B 因病未到。班里几个男生用非常轻视和嘲弄的语气戏谑他，见我不解、不满，一个男生直接站起来对我说：“老师，可以肯定的是，未来两周你会非常喜欢他，因为他每节课后都会来问你问题，你会觉得他勤学好问，会认为我们黑心瞎眼。但同样可以肯定的是，两周后你就会有与我们一样的看法了。”果不其然，开学后的前两周，他每节历史课后都主动过来与我探讨问题，这本在意料之中。但我没有想到的是，两周后，他仍然经常留下来与我探讨问题，选课期间也几乎是如此。我已经不教他了，他还常常来我的历史教室跟我聊天。暑期他出国，还专门给我带了米老鼠的钥匙链作为礼物。我在闲聊的时候跟他开玩笑说：“不是大家都说你是‘两周提问生’吗？为什么历史就能坚持呢？”他听了突然有一些激动，说：“老师，你难道不觉得我是真的喜欢探讨历史问题吗？难道你不觉得我是真心觉得你对我好吗？你每次与我谈话时，都用眼睛看着我，对我提出的问题没有把握时，都同我一起查阅书籍，查阅电脑。我迟到了你批评我，但是你从来不故意找我碴儿。有一次，第二节课上历史课，我记错了时间，第一节课就到了教室。你上课时在全班同学面前表扬我，说我心中有历史。而且你已经六次当着全班同学的面夸我了。”这是一个多么有思想、有想法的孩子啊！很多我没有注意的细节他都注意到了。真的，老师的一句话、一个眼神、一个微笑，都有可能是一个孩子改变的开始。

不久，他又来到我的教室，神情沮丧。半天才问我："老师，你在楼道有没有看见什么？"我故意说："没有。"他特别伤心地告诉我，他因为打人受处分了。他坐在我面前，静静地数落自己，说了自己很多的坏话，期间我没有插一句嘴，静静地听他讲述。一个小时之后，他问我："老师，你觉得我真的是一个坏孩子吗？"我那会儿突然对他有了一种很强烈的怜爱之情。我告诉他，因为他告诉我这些，我会一如既往地信任他，他在我心中仍是一个好孩子。我相信，只要有足够的空间与时间，每个孩子都会成为最好的自己。

其实，老师爱学生，并不需要爱得多么惊天动地，更重要的在于一点一滴的坚持与关爱。我送走了一批批学生，他们给我留下了一段段美好的文字和一段段美好的回忆。"老师，你已经成为咱们班小女生未来努力的方向，也将对男生的择偶标准产生重大影响。"这是诸多留言中特别让我心动、特别催我奋进的一句话，我怎么能辜负孩子们呢？

/ 完成看似不可能完成的任务 /

初为人师的时候，"胜任"在我心中就是简单的几句话：学生喜欢，同行认可，学校重视。1992 年的暑假，我工作的第三年，学校决定让我带高三文科班。这在我看来是根本就不可能完成的任务，因为参加工作以来我一直教高一，而且只教世界史，没有教过中国史。而学校的一位老教师当年刚刚退休，我连请教的人都没有。我也想经历高三的洗礼，但权衡再三还是觉得自己承担不了。没想到学校拿出了另外一套方案，由另一名比我还年轻、只教过中国史的老师教高三中国史，我教高三世界史兼初一历史。这真是一个举世无双的方案，我欲哭无泪。

开学后，高三文科班一周要上六节历史课，三节中国史、三节世界史，没多久学生就连喊吃不消了。我一咬牙决定把中国史也承担过来。那一年真的是过得太艰难了，我除了吃饭睡觉，成天都在看书、备课、出题、编题、判题。更重要的是，我还要接受心灵上的严重折磨，一些学生拿着题来问我，会故意遮盖住答案。我理解学生，他们是内心忐忑，不放心我，要考考我。一年下来，我瘦了十多斤，并且从此之后没有再胖过。之前有学生听说过我的这些故事，都觉得非常励志，他们也盼着经历高三，成功瘦身十多斤。那一年，我们班的成绩在海淀区名列前茅。我掌握了中学历史的基本框架，有一种高屋建瓴的自豪感，好像脱胎换骨，成了新人。

/ 永远走在“胜任”的路上 /

20 世纪 90 年代，建构主义理论开始影响中学课堂。在这个理论的指导下，我也开始尝试着建构自学式、活动式、现代化教学手段辅助教学式、讨论式等，我的论文在北京市教学年会中获得了论文比赛一等奖的第一名。我从 1992 年开始参加各种公开课、基本功大赛，1992 年我就取得了“北京市青年教师评优课”一等奖，1997 年、2000 年获得了“海淀区教学基本功比赛”最高奖。从 1992 年至今，我一直担任海淀区历史兼职教研员，给全区同年级的历史教师上教材教法课，参与重大考试的命题工作。可以说，我的教师生涯是顺风顺水的，但是我对教育的敬畏之情从来没有改变，因为敬畏，我加倍努力。

2007 年李希贵校长来了，十一学校的课程改革开始了。我的性格是喜稳厌变的，我并不是认为自己优秀，不需要改变，我只是更喜欢规律有序的生活，而改革的主题就是改变。变革带来的痛苦真的让我有崩溃之感，我矛盾过、犹豫过、沮丧过，但是最终我沉下心来说服自己：难道因为十一学校要变革，我就要放松对自己的要求吗？这是绝不可以的。我要强的性格决定了我不可能逃避，我就像一名小学生一样，在我工作十八年后重新开始学习，而且我也努力地去承担改革之责。我与我的团队一起打造了十一学校的历史课程体系，为数理工程方向的学生编写了“中外历史重大问题评说”，为人文经济方向的学生编写了“历史必修学习指南”，为高三毕业班的学生统整了校本学习资源。我们团队的成员经过头脑风暴，认为要努力构建有“兴趣场、知识场、思想场、情感场、体验场、发展场”的理想历史课堂，要培养学生人文情怀，引领学生精神成长。我与学生一起感受历史是有矛盾的、有曲折的、有痛苦的、有启迪的、有力量的。

作为一个女老师，我在追求理性深度的同时，努力追求提升课堂的情感温度。例如，学生认为甘地主张非暴力不合作是懦弱的表现。爱因斯坦曾说过，后代的子孙也许无法相信，世界上曾经出现过甘地这样的人物。我带着学生一起观看获得了八项奥斯卡大奖的电影《甘地传》节选，我们一致认为，真正获奖的应该是甘地本人。我带着学生一起朗诵《甘地自传》中的名言：“什么是真正的勇敢？是躲在大炮后面把别人炸得粉碎，还是能够面带微笑走向大炮甘愿被炸得粉身碎骨？非暴力是勇者的品质，懦弱与非暴力如水火不能相容。力量并非来自外界的武器，而是来自一种不屈的意志。”教室里静悄悄的，孩子们说，真的很佩服甘地，在他被杀时，仍然用手势表示宽恕对手。甘地以仁爱坚持真理，以仁爱克服仇恨，以仁爱对待敌人。甘地不朽的灵魂，让我们相信世界上真的有爱。

我想很多年以后很多具体的知识学生或许已经记不起来了，但是曾经的感动能够一直影响他们。改革让我们每个人的历史课堂都变得有情感、有韵味、有启迪、有力量。

从教 26 年来，我常常自问：我真的具备扎实的专业功底、专业的胜任力吗？我真的能为每个学生的学习，进行更好的设计和指导吗？我真的能在人格和学识上，成为学生的审美对象吗？我真的能让学生内心生成美好温暖的情感，并将其不断传递吗？我真的能不辜负学生在最美好的年华，与我仅此一次的相遇吗？

“胜任”平凡而深邃，“胜任”返璞而丰富。“胜任”的半径很大，其内涵和境界需要我用一生去叩问，去追求，去丰富。我知道我今天只呈现了一些艺术照，其实，生活中还有更多生活照，它们普通、矛盾，有缺憾、痛苦，它们共同构成了真实的我。我希望真实的我更美好，我希望我在十一这场教育探索中，继续韧性地战斗。我想我会永远走在“胜任”的路上。

真诚感谢每个帮助过我的朋友，真诚感谢引领我不断前行的十一学校，谢谢大家。

崔永元／谢谢贺老师。十一学校的教学方法非常好，但是不能推广，因为不好学。贺老师的教学方式之一是用微笑、眼神改变学生，这个我可学不会，不是每个人的微笑和眼神都可以改变学生的。

曹书德

/

让每个孩子
沐浴人文的光辉

/

崔永元 / 懂历史，我们还得会语文。下一位上台分享的是十一学校的语文老师曹书德老师，我希望他的经验我们可以复制。先认识一下曹老师。

/ 播放短片《在快乐中成长——曹书德的教育之路》/

曹书德 / 我是典型的“农二代”，我的父母都是农民。我 1979 年参加高考，考上了一个师范专科学校。毕业后我被分配到一个乡镇的初中从事教学工作，那时，我们的主要目的是去改变那些农村孩子的命运。我是学汉语言文学的，对口的专业就是语文教师。说来有一点儿无奈，上什么样的学校，读什么样的专业，那个时候都只能听天由命，连填志愿也都是中学老师包办的。开始时我并不喜欢做语文老师，常常抱怨。但是后来我发现抱怨没有什么用，既然我一生都必须从事教师这个职业，那我就应该从中找到一些乐趣。我开始从被动向主动转变。改变自己之后，我发现跟学生在一起时有很多童趣，而且我可以改变一个孩子，帮助他跳出农门，不用再回家种地了。我慢慢地就体会到了职业的快乐和幸福。

我在重点中学工作过很长时间，教学成绩应该说很优秀，连续几年省里的高考状元都是我的学生。但是，我并没有觉得这有多么光荣，因为这些学生很少有人说高中时光是很快乐的。这让我开始反思：我到底要追求什么？

2008年8月4号，我来到北京十一学校。十一学校那个时候就已经以改革著称。我这个人喜欢改变自己。如果你今天做的事跟过去一样，那还有多大意思呢？过去整个班是同样的学习方式，我设计好教学流程，所有学生按照我这个程序来操作。从去年开始，我的教学班里，就有了不同的学习方式。比如，有的学生跟着我学；有的学生在教室的一个角落里按照自己的计划学语文；还有的学生离开了这间教室，到另外一间自主学习教室去学语文。

教语文33年，我最重要的一点儿心得就是要根据学生学习语文的个性化方式加以引导。比如，每个学生阅读的兴趣点和阅读方法是不完全相同的，有的学生在读课外书的时候喜欢读侦探小说，有的学生喜欢读言情小说，那么我就应该帮这些学生找到同伴。

北京十一学校高二学生苏子路 / 曹老师一直是支持我们读侦探小说的。他不像其他语文老师那样，觉得这些推理小说不是很有文学性就很抵制。曹老师知道我们几个人都比较喜欢看推理小说后，不但不像我想象中的那么生气，反而说“我觉得你们看这个很好”，曹老师在这方面确实是挺开放的。

曹书德 / 教师应努力发现学生，然后让学生展示自己。每个学生在写作时都有自己独特的地方，有的学生擅长写叙事类的文章，有的学生擅长写抒情类的文章。语文教师要让每个学生都能在他擅长的领域越做越好。同时，要让每个学生都具备写其他类文章的基本能力。这样既可以帮助学生树立自信心，也可以帮助学生弥补不足之处。如果用一把尺子去衡量所有学生的作文，那对学生是一种伤害。

现在跟过去有些不一样了，过去说教师要给学生一碗水，自己必须要有一桶水，教师知识渊博很重要。如果能做到这一点当然好，但我现在可能赶不上学生的阅读量了，怎么办？学生伙伴之间的影响力是很大的，我可以为学生提供展示的机会，这就足够了。过去很多教师感觉很痛苦可能是因为对教育的理解有误，比如，把学生当成一种驯服的对象，要求他必须怎么样。我们太希望去改变这个学生了。现在呢？如果你是去发现学生，去唤醒学生，那就不一样了。

我们应该把尊重学生落实到日常生活中的方方面面。我们常常对学生说要理解对方，要关爱别人。如果只是宽泛地说，说一百遍也没什么用，你要让学生在生活中去体会。一个男生和一个女生在一块儿时，更多的是什么？是关爱。我现在看到男、女生在一块儿都觉得很温馨。男、女生交往是客观存在的现象，老师们现在往往是做引导，引导他们往好的方向发展。

我每天跟学生相处，有一些小感动、小快乐，这就挺好。我最大的梦想，就是现在的学生在未来回忆起跟我相处的这段时光时觉得是快乐的，觉得对他是有些帮助的，我就很满足了。

崔永元 / 曹老师这个短片告诉我们，知识改变命运。曹老师以前在碧水蓝天的农村学校，经过不懈的努力，终于到了雾霾充斥的北京，但是没关系，因为我们还有化学老师、历史老师、物理老师，我们一定能想办法把雾霾赶走。我觉得，老师接手很多学生的时候，他们的思想上就有那么一层雾霾，需要老师用自己灵巧的手、真诚的心和独特的手段把雾霾一点儿一点儿地拨开。下面我们一起听曹老师的分享，掌声欢迎曹书德老师。

主旨演讲：让每个孩子沐浴人文的光辉

曹书德 / 我今天演讲的题目特别大，其实，后面说的都是日常生活中一些非常小的事。我带来了一本保存了 30 年的学生随笔本，这是一个叫李萍的学生用白纸装订的，有 52 页，共 42 篇文章。我记得封面上的“拾贝”两个字是我帮她描上去的。这个随笔本里面写了些什么呢？有一篇文章写她家里做糯米酒，她将吃剩的米饭和上一些酒曲，再用棉被捂上，过几天就去闻一闻。做出的酒汁非常甜，也很香，小孩儿都特别喜欢喝。还有一篇文章写除夕守岁，那个时候取暖还是用炭火。妈妈把水果和糕点都准备好了，一家人围坐在炉子旁，火苗非常高。还有一篇文章写大年初一她去给长辈拜年，那天下着雨，她为了躲避一辆汽车，一脚踩到了一个石板上。那个石板溅起了泥水，把路边的一位大嫂的衣服溅了一些泥点。她本以为那位大嫂会责骂自己，没想到大嫂笑嘻嘻地对她说：“今年我们都要交好运了，你赶紧回家换鞋吧。”李萍今年都快 50 岁了，如果由她来读她在十二三岁写的这些随笔，一定会有温馨的回忆和对岁月的感叹。我保存了许多许多这样的随笔，打算在学生三四十岁的时候再送给他们。这种让学生借助写作感悟生活的教育方式，我一直坚持了 33 年。

/ 给学生留下美好的回忆，帮学生养成好习惯 /

我曾经问几十年前毕业的学生：我上的哪一节课你印象最深？我做的哪一件事情对你影响最大？ 1986 年高中毕业的一个女生对我说：“你曾经上过这样一节语文课。你提着一部双卡的录音机到教室，然后播放了轻音乐，我们在音乐的伴奏下轻轻地诵读《故乡的榕树》，我对那节课的印象最深。”我努力回想那是一节什么样的课，好不容易才想了起来。那时候，我正在谈恋爱，我花了四年的积蓄买了一部双卡录音机。我想显摆一下，就把录音机提到教室去了。我要放给我的学生听一听，就随便选了一首曲子，让他们诵读《故乡的榕树》。这样一节没有明显功利目的的课，她竟印象那么深。我上了那么多节教材分析课、那么多节试卷讲评课，她为什么都忘掉了呢？一个 1991 年高中毕业的男生对我说：“你做班主任时经常在下午课外活动的时候，带着我们全班同学跑到校园外的一个湖边，在那儿疯玩儿一阵以后又跑回来。这来回有几公里，让我的长跑水平大增。我现在四十多岁了，一直保持着长跑的习惯。”这么一件简单的事情就让他养成了这么好的习惯，看来给学生留下甜美的回忆，让学生养成一种好习惯，这是作为教师最重要的事情。

作为一个语文老师，让我感到骄傲的是那些毕业后没有从事语言文字工作却仍然热爱语文的学生。前几年我回老家，翻开老家的报纸，看到有一篇文章的作者叫赵春莲。我就想起我有一个学生也叫赵春莲，她已经毕业几十年了。她上学的时候很喜欢语文，随笔也写得很棒，报纸上的这篇文章会不会是她写的呢？我就给报社编辑部打电话，几经周折我终于找到了赵春莲，果然是我的学生。通话后我们就见面了。她把她平时写的文学作品，包括小说、散文、评论，一一拿给我看。她说，职业带给她的是外在的东西，而平时的阅读和写作给了她丰富的精神生活。我作为她的语文老师，觉得非常幸福。

/ 理解、鼓励有个性的学生 /

今天我们面对的学生差别很大，我们该用什么方法去影响他们呢？我想有一点非常重要，那就是“鼓励独立，而不是从众”。我有一个学生叫谢安琪，有一次我爬长城，正好遇到了她，我说：“谢安琪，我来给你照一张照片吧。”她欣然答应，但就在我按快门的一瞬间，她背过身去。别的孩子照相都是面带微笑，用手做一个 V 字形，结果她却背过身去。这恰恰就是她与众不同的个性。这种与众不同也表现在语文学习上。课堂上，她思考问题的速度实在是太快了，我提出一个问题，她马上就能回答。我本来想的是，让多数同学思考了、有了答案我们再来讨论。她在课堂上也安静不下来，为什么？她一说起来就滔滔不绝，我想让别的学生说，结果别的学生说一句话，她马上又接过去了。她读的书又多又深，只要是我在跟她交流过程中提到的书，她都要找来阅读。

我该怎么教这么一个个性特别鲜明的学生呢？我是这样做的。在课堂上她不用服从统一安排，可以按照自己的进度学习；在学习过程中要记录疑惑，下课后与我单独交流；在阅读方面，每读完一本书，她都可以跟我分享她的感悟与体会，我再推荐一些文章让她阅读、评点、展示；在写作方面，她可以跟我就某一个话题进行交流，然后将自己的认识写成文章。比如，她针对周小平的一篇文章写了五千多字的长篇评论，其中有一段是这样的：“《请不要辜负这个时代》停留在对现象的对比上，作者欠缺透过现象看本质的能力，不仅对如今纷乱的社会现状缺乏理性的分析，更缺乏合理的建议。作者只不过是揪着美国、日本等国家的一些瑕疵不放，不停地用放大镜去看对方的缺陷，以此为中国目前存在的地沟油等问题进行辩护。”这只是她的一个结论，她还有五千多字的分析和论证。

像谢安琪这样个性特别鲜明的学生并不多，很多学生并不愿意展示自己与众不同的一面。怎么办？我们老师要细心观察，精心呵护。我有个学生叫李泽封，他酷爱化学，高二的时候参加化学奥林匹克竞赛得了市里的一等奖。他特别讨厌写借景抒情类的文章，怎么办？我发现，他喜欢阅读科幻类的作品，我就问他：“你能不能也写一点儿呢？”他就开始写起来了，一写就收不住了，一学期写了十多万字的科幻作品，那么这个学期其他语文作业就可以免掉了。

我有一个学生叫尚楚岳，他从上初中的时候就喜欢阅读推理小说，上高中的时候又找到了一些同伴一起阅读。他的语文考试成绩不尽如人意，甚至越来越差。我还要鼓励他阅读推理小说吗？当然要，我不仅鼓励他读下去，还要让他在班里展示。只要他展示了，那么他的过程评价里面就可以加分。还有一个女生叫王婉婷，她是学校模拟联合国的主席。她要写许多辩论文章，参加很多活动，那么她的语文课还需要上吗？可以不上。为什么？她要阅读那么多资料，阅读那么多书，这不就是在学语文吗？

/ 在生活中多关心学生 /

面对个性差异巨大的学生，我作为语文老师，不仅要在学科学习方面发现他们，给他们展示的机会，还要在日常活动中细心观察。我们不可能遇到很多惊天动地的大事，但是每天发生的小事，对学生的影响也可能是深远的。

学生办了一些刊物，像《来真的》《十一说》《瞰十一》等，当他们在食堂门前销售刊物的时候，当他们到我教室兜售刊物的时候，我都会去看一看，买一本。学生组织歌会，这个时候我作为老师也要去吆喝一下。

有一次，我发现小 B 在我的课桌上哭，我走过去问她需不需要我帮助。旁边两个女生对我说，走廊上贴了一张小 B 的海报，小 B 觉得她的照片不好看。我说："多大的事啊？算了吧。"听了我的话她哭得更厉害了。我只好带着另外一个女生去看了一下海报，照片中的小 B 用帽檐遮住了眼睛，只剩下鼻子和嘴巴。很多同学都喜欢这样搞怪的幽默的照片，但是小 B 是第一次在同学面前展示自己，她觉得照片不好看，所以觉得这件事很严重。回来以后我就跟她说："我马上把这张海报揭下来，我要去找制作海报的同学。"此时，她的情绪才好了一点儿，她跟我说："上周六我就把我满意的照片发给他们了，结果他们没有用我的照片，而是擅自决定，随便找了这么一张照片。"后来我就找到海报制作人并让他当面向小 B 道歉，最后重新制作了一张海报张贴出去。

十一学校的学生跟老师经常在中午的时候组织辩论赛，有一次，我们辩论的话题是“代沟的主要责任方是父母还是子女”，老师这一方的观点是主要责任方是子女，学生这一方持相反的观点。我作为一个听众去听辩论赛。我们的老师都特别老道，特别是我们的魏勇老师，几个回合下来，就把学生引入死胡同，学生败下阵来。裁判是个学生，他在总结的时候说，学生方的四辩发言时机把握得不好，而且他没有配合好另外几个队员。我看到学生方的四辩的手一直在抖。散场以后，我马上走到那个男生身边，拉着他的手，问：“你以前参加过辩论吗？”他说：“老师，我真的没有。”我说：“另外三个同学都是学校辩论队的成员，你第一次参加辩论就能够跟魏勇这样的铁嘴辩论，实在是太有勇气了！”说完，我发现他的脸上有了笑意。

/ 做学生的引领者 /

我们既是学科老师，又是教育者，不能再用过去的那一套来管理学生了。从 2012 年 9 月 1 号开始，我卸下了班主任的这个“沉重”的担子。在这之前，我常常以身为班主任而感到骄傲，因为我的教育经验里面，很多是班主任岗位带给我的。现在不做班主任了，我该用什么来证明自己的存在呢？这使我感到困惑。我就去观察学生，下课后，有的学生背着书包到另外的教室去，有的学生就到休息区域里面，有的学生会去图书馆。他们在做什么？他们是在玩游戏吗？是在看手机吗？我们都无法管控。这和过去很不一样，过去我们有专门的时间开班会，有专门的时间组织体育活动，有专门的时间进行学科训练。那时心里感觉很踏实，因为能看见孩子们都在干什么。现在想一想，这真的有必要吗？

我有一个学生叫小林，他在我们去妙峰山春游时根本不参加任何小组，也不走指定的线路，他自己选择线路，而且很快就到了终点。他上数学拓展课时，会自己一个人搬一个桌子和凳子，坐到报告厅的前台。其实，后面有很多空的座位，他为什么不坐到后面呢？因为他太爱数学了。他常常让我们负责常规管理的老师头疼，为什么？他自习时根本就坐不住，三分钟出去一趟，因此他在日常行为管理上被扣了很多分。我对他诫勉教育了两三次，他在我对他最后一次做诫勉教育时跟我说："老师，你别再跟我说这件事了，我都不在乎，你还在乎什么？"我也想通了，便跟负责常规管理的老师沟通。我说："咱们就给小林自由，他在图书馆学习也行，在自己选的教室也行，在休息厅也行。"我们给了他这个自由以后，我发现他常去的地方第一是数学教室，第二是物理教室，主要就这两个地方。之后，老师和他都轻松了，他在日常行为管理上也没被扣分了，其他方面也稍稍好一些了。

前不久，我收到周老师的一条短信，短信内容是这样的："你的学生小刘在使用 iPad 的时候被老师没收了。他去找老师要，大吵大闹，说老师干涉他的自由，侵犯他的隐私。"我回短信说："我来跟他沟通吧。"我当时在外地，怎么跟他沟通呢？没办法，我只好给小刘发了一条短信："听说你遇到麻烦了，解决这件事只能讲理，而且要投入感情和技巧去讲理，一味争吵反而会把事情闹僵。与人打交道要讲策略，要学会妥协，退一点儿不是输了，恰恰是让对方接纳自己，让对方配合甚至支持自己，我相信你有办法让老师笑着把 iPad 还给你。"

过了两个多小时，他给我回了两个字"谢谢"。后来我给他打电话，我问："你沟通了吗，iPad 拿到了吗？"他说："沟通了，拿到了。"我问："你用什么办法拿到的？"他说："男儿有泪不轻弹，我都掉眼泪了，老师就给我了。"但是事实不是这么简单，他也是很有办法的。这件事说明，有的时候教师太过强势作用不大，引领比管控效果更好。

我觉得学生的行为只要没有违反法律法规、不损害别人，老师就应该许可。比如，上课的时候，有个别学生趴在桌上打瞌睡，老师为什么不能允许呢？我们能不能站在学生的角度去包容和尊重言论有些偏激的学生呢？学生是一步一步走向理性的，他开始可能有些偏激，但是你不能把他想表达的火苗给熄灭了。允许部分学生在一段时间内精力不在"主业"上，有什么不可以呢？我们有的学生在社团活动等方面多花了一些时间，有什么不好的呢？

学生暂时不服从规章制度，教师就暂不责罚他。学校有那么多规章制度，如果某个学生暂时不服从，就给他一点儿时间，等他一会儿。如果我们把“管控”拿走，多引领学生，这样学生是不是就变得更自由、活泼一点儿？

蒙台梭利曾说过，一个儿童如果没有学会独自一个人行动，自主地控制他的作为，自主地管理他的意志，成人后，他不但容易受别人指挥，并且遇事非依赖别人不可。一个学校里的儿童，如果不断地受到教师的干涉、禁止，以至于诟骂，结果会变成一种性格上很复杂的可怜虫。这段话给我们带来很多警示。我就跟大家分享这些。谢谢各位。

实话实说

/
崔永元对话
王笃年、贺千红、曹书德
/

崔永元 / 三位老师请再次登场，我们一起座谈一下，欢迎王老师、贺老师、曹老师。我们还请到了几位嘉宾，一位是王老师的老师，同时也是您的同事王清安老师，掌声欢迎王清安老师。我们还请到了贺千红老师的丈夫，北京市第十八中学的校长管杰老师。我们还请到了曹书德老师教过的学生高飞。

贺老师，我的问题特别简单，就是如何让孩子们树立正确的恋爱观？您有什么办法吗？过去在学校是忌讳谈这个问题的，大家都认为，学生是来学知识的，教师是来教学生做学问的。但是现在我们知道，学校不光是一个做学问的地方，也是教孩子做人的地方。您有什么跟我们分享的？

贺千红 / 我觉得女孩儿得知道男孩儿身上应该具备哪些宝贵品质，男孩儿应该知道女孩儿身上应该具备哪些宝贵品质，双方都找到相互契合的地方。

崔永元 / 那您评价一下您的丈夫，他哪些方面吸引了你？

贺千红 / 我和我先生都是北京师范大学毕业的，1989 年一起来到十一学校，之前并不认识。当时学校也没让他当什么，但他什么事都爱去张罗，我就觉得这个人官瘾还挺大的，结果后来发现不是这样的。我记得有一次学校组织活动，那天雪下得特别大，堵车堵了很久，我坐在车后座打瞌睡，很多老师也在后座打瞌睡。他一个人坐在司机旁边，不停地陪司机说话。我后来跟他聊天才知道，他是怕司机也打瞌睡。我那时就觉得他还是可以信任的。

崔永元 / 咱别跑题，谈谈如何帮孩子树立正确的爱情观。请管老师讲一讲。

管　杰 / 其实，她刚才说的也没有跑题。如果要培养孩子正确的爱情观，老师首先要有正确的恋爱观。

崔永元 / 对。

管　杰 / 我觉得帮助孩子树立正确的爱情观，是教育人性化的体现。

崔永元 / 您说得特别好。在我上学的那个时代，如果我们老师把我叫去，问：“你是不是喜欢上一个女孩儿了？”我绝对不会承认，因为那个跟犯罪基本没有什么两样。但是现在，老师可以直接跟孩子们谈这个问题了。

管　杰 / 我们要让学生选择，学生才能学会选择；我们要让学生交往，学生才能学会交往。如果说我们不让他选择，甚至不给他交往的机会，那他将来就不会交往。学生小的时候，能管住的时候，我们把他们管死了，等他们长大了我们就该操心了。

崔永元 / 你说到了选择，我特别关心一个问题，就是在一个家庭里，如果丈夫和妻子都选择了做教师，那对这样一个家庭而言快乐是什么？肯定跟上市公司老总的快乐不一样。

管　杰 / 当时组成家庭的时候没有考虑过这样的问题，考虑更多的是相互之间的熟知和信任。实际上，她不仅在教育她的学生，也在教育我、提醒我。

崔永元 / 你们都是教师，我相信你们在家里谈的可能都是跟教育有关的事。

管　杰 / 是这样的，我们遇到问题时经常召开家庭会议，用教育学生的方法来解决我们之间的问题。有时候，她也会和我交流教育学生的心得，这样的交流可能占据了我们俩婚姻生活的很大一部分时间。

崔永元 / 很羡慕你们这个家庭。现在社会上有很多诱惑，我们每个人的人生都有很多种过法，但是我觉得你们夫妻俩，很喜欢教育工作者这个身份，也愿意过这种平静甚至平淡的生活，这个真的了不起。

管 杰 / 谢谢您。

贺千红 / 谢谢。

崔永元 / 我们该把最热烈的掌声送给这个家庭。

王清安老师在我们今天受访的嘉宾里面最年长，您教书教了多少年？

王清安 / 40 年。

崔永元 / 您当时教王笃年老师的时候，他给您留下了什么样的印象？

王清安 / 王笃年老师在上学的时候，是一个认真、刻苦、好学的学生。

崔永元 / 认真、刻苦、好学。

王清安 / 他经常能提出独特的见解。

崔永元 / 有独特的见解？就是说考试的时候，他的答案跟别人不一样？

王清安 / 有时候，他的答题思路可能比较独特。

崔永元 / 像他这样的学生得碰上一个好老师才行。这样的学生多吗？

王清安 / 应该说不少。

崔永元 / 王笃年老师还有什么特点？我特别想知道让您印象特别深的一些细节、一些很小的事情。

王清安 / 生活比较简朴，不拘小节。

崔永元 / 看来王老师是一个不修边幅的人。王老师，您能谈谈您的老师吗？

王笃年 / 我在教学上的一些做法、思路，应该说有一大半是来自王清安老师。王老师今年 70 岁了，还在工作，现在受聘于一所学校，在那里做管理和教学指导工作。王老师不是科班出身，是工农兵大学生。他在教我们的时候，是按照自己独立思考总结出的一些结论来带我们的。王老师对我的影响可以说是终生的。当然，我们还有一些私人交情，我每次回老家都会去看他。

崔永元 / 王老师现在还在教学生？

王清安 / 对。

崔永元 / 教学生有什么意思啊？

王清安 / 我作为一名教师，想多奉献一些，多做一些工作。

崔永元 / 我知道坐在我面前的这位老人家说要多奉献一些，是发自内心的。不知道从什么时候开始，这样的话成了官样文章，大家都不相信说这种话是发自内心的，都觉得这是套话。但是我们看老人家的面容就知道，他说这些话是发自内心的。

曹老师，我刚才听说您的学生高飞是在中南财经政法大学？

曹书德 / 对，是教授，是民法学的博士。

崔永元 / 有一个词叫“死磕”，现在很多法律界人士，为了贯彻依法治国的基本方略，就在“死磕”。如果有一天你遇到棘手的案子，你会是那个“死磕”的人吗？

高　飞 / 我觉得有的时候我们要适当地妥协一下，给别人一个台阶。如果“死磕”，双方就像走在独木桥上的两头羊，到那个时候死磕的人也不会得到什么好的结果。从内心来说，我可能确实要坚持一些正确的东西，但在做法上是不是一定要“死磕”，我对这个问题还是持保留意见。

崔永元 / 假如有一天曹老师遇到了麻烦，他有一个民事诉讼，让你代理，你会全力以赴吗？

高　飞 / 肯定会全力以赴。

崔永元 / 假如你在代理的过程中，发现曹老师没理呢？

高　飞 / 曹老师不会找我做没理的事情。

崔永元 / 曹老师不是法律专家，他也许自认为他有理，但事实上不是这样。

高　飞 / 《中华人民共和国民法通则》跟生活息息相关，每个人在生活中其实都是在用它规范自己，只是没有意识到。每个正直的人、每个热爱生活的人，一般都不会判断错误。

崔永元 ／ 曹老师，您教的学生不行。我教的学生都知道一句话，叫“吾爱吾师，吾更爱真理”。

曹书德 ／ 他刚才说的没错。

崔永元 ／ 我刚才说，假定曹老师有一个民事官司，假定曹老师认识错了，实际上他是没有道理的，假定他聘请你做了律师，你会怎么做？

高　飞 ／ 我向来不做假定的事。

崔永元 ／ 你就是死磕派。

曹书德 ／ 他上中学的时候语文成绩挺好的，经常在班上跟女同学辩论，女同学的口才普遍比男生要好，他就在那种环境里被训练出来了。

崔永元 ／ 您喜欢这样的学生吗？

曹书德 ／ 喜欢。

崔永元 ／ 他上学的时候就是这样吗？

曹书德 ／ 对，那个时候他成绩好，很多同学都去和他探讨问题，他有时会故意说错。

崔永元 ／ 故意说错？

曹书德 ／ 是，然后同学就跟他辩论，他在这样的环境中训练了自己的口才。

崔永元 ／ 这跟我们过去的传统教育观念不一样，过去老师要求我们听话，做个听话的学生。他明显不太听话，但是您特别喜欢他。

曹书德 ／ 我喜欢他还有一个原因是他当时学习成绩还挺好，但现在学习成绩不好的学生我也喜欢。

崔永元 ／ 您对上学时候的经历还有印象吗？总体是什么感觉？

高　飞 ／ 高中三年我换过几次语文老师，通过对这几位老师教学方法的比较，我发现自己最喜欢曹老师的教学方法。事实上，我认为曹老师对我影响最大的不是学习方面。十一学校现在是全国名校，学生和老师都很优秀。我上学的时候情况不是这样，那时有很多同学跟我一样，感觉看不到太多希望。但我觉得自己很幸运，能遇到曹老师做我的班主任。他给了我希望，让我知道应该去努力追求，保持一种上进心。我觉得这个是我要感谢曹老师的。

崔永元 / 贺老师刚才说的“老师的一句话、一个眼神、一个微笑，都有可能是一个孩子转变的开始”不是空话。贺老师，现在的孩子挺难教的，他们可以很方便地上网查资料，有时候我们知道的他们都知道。老师怎么跟他们讲呢？尤其是历史学科。

贺千红 / 确实有很多学生比我们老师读的书多，他们也有自己的见解和想法。我觉得世界上没有绝对的真相，我们都是在无限接近真相。学生可以把问题提出来我们一起探讨。

崔永元 / 但是当学生面对考试的时候，只有一个正确答案。

贺千红 / 十一学校现在正在尝试研制学科诊断卷，这个跟以往的考试已经有了很大不同。例如，在期中、期末考核中，只保留了五道选择题，其他的基本上都是让学生表达对问题的见解和看法。我们的答案从来不叫标准答案，我们只叫参考答案。

崔永元 / 这个其实也是对孩子们的信任，孩子就会回报我们信任。

贺千红 / 可以这么说。

崔永元 / 王老师，请您跟我们在座的各位老师分享一下，当了一辈子老师，最大的快乐是什么？

王清安 / 能看到学生成才、为国家做贡献，这是最大的快乐。

崔永元 / 您允许不允许学生用不同的方式为国家做贡献？

王清安 / 允许，做贡献有很多方式。

崔永元 / 比如说王老师，他现在教孩子，他是为国家做贡献；那像我这样的老给国家挑毛病，您觉得是做贡献吗？

王清安 / 我觉得那是老师的老师，贡献更大。

崔永元 / 现在社会上可选择的职业、岗位非常多，我们直言不讳地说，很多人选择职业就是看挣多少钱，或者有多大的权。您怎么教您的学生选择职业呢？

王清安 / 我一直告诫学生，只要努力工作，都是在为国家做贡献。

崔永元 / 我们今天在这里分享了很多。我很多年没听过老师讲课了，所以刚才我坐在后边听得特别认真，又想起了当年教我的那些老师。教我的那些老师都挺棒的，我真的感谢他们培养了我。我也希望在座的各位老师，你们也真的喜欢你们这个岗位。你们担负着国家的未来，希望你们能从和孩子打交道的经历中体会到无尽的快乐，谢谢你们！

我们把所有的花都献给王老师一个人。王老师教了一辈子书，从来没听过大家是怎么给明星鼓掌、欢呼的，您想不想听一次？

（全场鼓掌、欢呼）

崔永元 / 最后说一句话，一个国家像这样对待老师，这个国家就有希望，就有明天。让我们共勉。

III

教育智慧从哪里来？

时间
2015年10月17日
地点
北京 · 中国人民解放军国防大学礼堂

主持人
崔永元：中国传媒大学教授
对话嘉宾
史建筑：北京十一学校语文教师
侯敏华：北京十一学校英语教师
潘国双：北京十一学校数学教师

史建筑

/

从“工地”到“建筑”

/

崔永元 / 大家好！这是十一学校举办的第三届“课堂里走出教育家”活动，特别有幸，前两届也是我主持的。昨天，我在中国传媒大学以教师的身份讲了自己的第一堂课。讲完以后，校长问我：“上课的感觉怎么样啊？”我说：“和孩子们交流挺好的。”他说：“你有什么想法？”我说：“明天我要参加十一学校举办的一个活动，叫‘课堂里走出教育家’。”他说：“很好啊，这个活动你应该去。”我说：“校长，是十一学校自己办的‘课堂里走出教育家’。”他说：“对啊，这个活动你应该去啊。”我说：“校长，十一学校自己就评出了教育家，学校还会给这些优秀老师奖励。”校长听明白了，说：“你希望咱们学校也办个‘课堂里走出教育家’？”我说：“对。”他说：“那也轮不上你。你今天刚上第一堂课，早着呢！”

第一位上场的老师是史建筑老师。今天受表彰的老师不一定是特级教师，也不一定是我们传统意义上的名师，但是他们爱教育、爱学校、爱孩子，他们每个人都有独特的教育心得。在史建筑老师开讲之前，我们要播放一个介绍史建筑老师的短片。

/ 播放短片《追寻语文的风景》 /

史建筑 / 我上的是中等师范学校，当时没有多少志愿可以选择，我基本上只能填这一个，所以就填了，填完之后就做老师了。时代和人就是那么组合的，那个年代就这样。

刚参加工作的时候，课堂以教师为主，我就想着我要讲什么、分几块讲、怎么把它讲好。

北京十一学校语文教师朱则光 / 我 1998 年第一次听史老师讲课，可以用“震惊”这个词来形容我的听课感受。他具有播音员一样的气质，在他朗读完课文之后，整个礼堂里掌声雷动。

史建筑 / 对语文的界定可以说是众说纷纭，语文的工具性和人文性之争持续了将近二十年。我认为语文还是更倾向于工具性，你用它来表情达意，用它来思考，其实都是落在“用”上。

写作呈现出来的是语言文字的一种组合，这背后包含着情感、故事、观点和思想。写作其实是这些东西的一种物化。教师指导学生写作不只是对文字的运用，不只是教一些写作的技法。

我感觉师生之间的默契首先体现在双方都知道彼此最想要的东西是什么。如果教师无法走进学生的内心，教师做的所有事情都是隔着的。第一次布置作文，我逐个面批孩子的作文，以作文为载体，更好地去了解他们的情况。跟不同类型的学生交流要用不同的方式。做教育要有一点儿预设，而做个性化的教育教学工作生成更重要。教师和学生都想要高分，但是如果为了获得高分丧失掉了一个人蓬勃的生命力，这个高分就是血淋淋的。应该让学生在获得一个比较好的考分的同时收获正常的生命状态中想要的东西，比如一直坚持自己的理想，学习生活既有意义又有情趣。

我经常向学生推荐一些书目，隔一段时间会组织学生做一次交流。我感觉阅读带有一种私密性，你可以向学生推荐书，但是没必要强制学生读哪一本书，因为每一个受教育者都不是等着你装满的容器。我们教出的大部分学生肯定比老师的视野还要开阔，这也是我们最想要实现的。

北京十一学校语文教师刘伟 / 我觉得史老师的很多东西是难以用语言形容的。他对我的影响很大，他不仅仅是在教书这件事上影响我，更多的是在做人上影响我。我们高三语文组有八位老师，可以说八位老师有八种不同的风格，但是史老师作为教研组长，他能够把这八种不同的风格协调得非常好，他能够用自己的那种真诚和包容，把这个教研组整合成一个非常团结的、有力量的教研组。

史老师曾经跟我讲过一句话，他说：“刘伟，我有的时候会想，我现在是要活出个样来给别人看，还是活出点儿味道给自己品？”我觉得史老师已经把名和利看得很淡了。

史建筑 / 我也就是个很普通的老师，普通得不能再普通的老师。看着孩子们带着中学校园对他们的影响步入更高一级的学校，同时他们的眼光又投向了更远的地方，这是我作为老师感到非常欣慰的事情。

崔永元 / 我一边看片子，一边看我们现场的观众。我看到很多年轻的女老师脸上有后悔的表情，可能觉得结婚太早了。我没有别的意思，我想说如果我们晚一点儿谈恋爱，晚一点儿结婚，把心思都用在教学上，我们也能像史建筑老师做得这么优秀。掌声欢迎史建筑老师。

史建筑 / 崔老师，您好。

崔永元 / 史老师，我就提一个问题，就是您今天讲的内容的中心思想和段落大意是什么？

史建筑 / 我是真归纳不出来。

崔永元 / 那您不如当年教我的那位老师。

史建筑 / 对。

崔永元 / 您开始讲吧，让我们看看新一代语文老师是怎么跟学生交流的。

主旨演讲：从“工地”到“建筑”

史建筑 / 老师们好，我是十一学校高中部 512 教室的常住“包工头”，每天陪着孩子在这片“建筑工地”上摸爬滚打。

/ 一堂刻骨铭心的语文课 /

我想介绍我刚参加工作的时候，一堂让我刻骨铭心的语文课。当时讲的是海伦·凯勒的《假如给我三天光明》，在这堂课的最后一个环节中，我问同学们：“假如你的生命中还有一天时间，你最想做什么？”有一位平时不太发言的学生缓缓地举起了手，我说：“孩子，你最想做什么？”他说：“我最想上语文课。”听了这话我感动得不得了。我说：“孩子，你的生命里只有一天时间，你为什么最想上语文课呢？”他说：“每次上语文课，我都有一种度日如年的感觉。”

我从学生的发言中，照见了自我感觉良好的自己，也照见了我心中想要的语文课和现实情况的差距。我想让这个痛苦发挥更大的作用。我痛定思痛，做了我参加工作以来的第一份教学调查问卷。这份问卷围绕着一个核心的话题：你是否喜欢上语文课？我收到了老师们耳熟能详的答案：“我喜欢语文，但是不喜欢语文课。”后来我就想，什么是语文呢？对一个孩子来说，可能他读了自己特别喜欢的一本书是语文，自得其乐地写了一点儿东西是语文，看了一部引发他思考的电影是语文，编了个段子发到朋友圈里传递点儿正能量、传递点儿情感也是语文。后来，这些孩子们就被圈到一个叫学校的地方，然后统一使用规定的教材，旁边还站着一位喋喋不休的语文老师，他的语文就变成语文课了。

我不断地思考，我是怎么把这个好东西给糟蹋成这样的。我把所有的精力都放在教材的解读和课堂的设计打磨上。过了一段时间，我自己感觉有了一点儿底气之后，我就开始做一些探索。《梦游天姥吟留别》我教过四次，讲第一遍时我查阅了大量资料，条分缕析地讲给学生听；第二遍时我强调诵读，领着学生读；到第三遍上的时候，我设置情境带着学生写；第四遍的时候我收集问题陪着学生学。当我把自己定位在陪着学生学语文的时候，我基本脱离了刚参加工作时的窘况。

/ 将读写训练纳入教学 /

这个时候新的问题又出现了，我又设计了第二份教学调查问卷。我把问卷收上来之后发现，在“好课”这栏中，有很多孩子填上了那一周我们刚刚上完的史铁生的《我与地坛》，这跟我自己的感觉差不多。我记得上那节课时，许多同学感动得眼圈都红了。但是我又发现，有三个平时语文成绩很不错的孩子，在“差课”一栏中，不约而同地填上了同样的篇目《我与地坛》。

为什么学生对同样的篇目评价完全不同？我要找出他们给差评的理由。这三个成绩优秀的学生在问卷上是这样写的：“老师，像这样文质兼美的文章，在课堂上搞统一的学习活动是多余的，给我们时间让我们静静地读书就可以了。”

此时我意识到了一个问题，那就是一般意义上的课堂，作用确实是有限的。学生就像一条一条涌动的暗流，但是现在我们非得把个性十足的暗流放到同一个河床上来，这肯定是费力不讨好的事情。

接下来，我开始了初步的探索。我在班级授课制的基础上，将学生分类分组，像我们班学习能力非常强的晓凡同学，我就给他列一下这一段时间他需要做的事情，这样他就知道他要做什么了。他自己列书单自读，跳出了班级授课制的束缚。

面对学生充满个性的学习方式，我感觉自己必须要有一个突破，那就是把常规的读写训练纳入我们的教学中来。

先来看我们的读。以班级里很普通的一个孩子为例，他一学期里的阅读量，我算了一下肯定超过 200 万字了。他看这些书，有通读，有细读，还有选读。这个学生现在在北邮学通信专业，前几天他跟我说 ："老师，我认为阅读就是最深刻的通信。"

今年刚刚毕业的王帆同学在十一学校学习的三年中，读了将近 300 本书。她今年参加北大、清华自主招生面试的时候，就带着这些书目，很自信地走到自主招生面试的老师面前说 ："老师，你可以在这书单当中任意选择一本书跟我交流。" 我感觉这不是傲气，而是大气。到最后，高考那点儿事可能对她来说都算不了什么。她高考语文考了 142 分，总分是 719，现在在清华大学经管学院读书。看到孩子们在高中阶段读了这么多书，我作为他们的语文老师是很欣慰的。

在好多场合，我都不断地推荐著名作家余华对经典阅读的一段描述。在这段描述中，他把我们对经典阅读从敬畏到最后内化的这个过程，非常生动地描述了出来。余华说 ："我每次阅读那些伟大的作品，都会被它们带走。我就像一个胆怯的孩子，小心翼翼地牵着它们的衣角，模仿着它们的步伐，缓缓地向前走去，那是温暖的百感交集的旅程。它们将我带走，然后又让我一个人回去。当我回来之后才发现我已经与它们永远在一起了。"

接下来我再说一下写。我感觉，对学生的阅读和写作而言，最重要的应该是师生共同参与。在高一、高二的时候，我们班一般是师生互出作文题目，然后在同一时间开始写，在一节课的时间内写完，交给对方。有一天，陈威给我出了一道题 ：不要问我为何哭泣。我感觉这道题有点儿八卦的意思，但是我还是硬着头皮写了，写完我就交给他。我说 ："陈威，你打算怎么处理？" 他说 ："老师，咱们把你的文章贴在教室里。" 就这样，我写的这篇文章就被贴在了教室里。然后刘沿同学看到了，之后有感而发洋洋洒洒写了一篇《敢问你为何哭泣》，也贴在教室的后墙上。之后，郑豪同学愤愤不平，再感而发写了一篇《还没忘了怎么哭泣》。这就是十一学校 2015 级学生津津乐道的“师生哭泣三部曲”。

我可能只做了很小的一件事情，但是像这样的连接，有的时候可遇不可求，就看我们共同营造的是什么样的氛围，什么样的生态。

前几天，李希贵校长送我一本书《连接》，这本书的主要意思是说许多人是在沟通却不是在连接。像我们学校里面的连接，可能更多的是基于学术，所以每当看到这样的结果，我就感到非常欣慰。

除了将师生连接到一起，我们还将老师连接到一起。我们教研组的沈静老师曾出过一个作文题叫“一个人的战争”，这个作文由我和全年级的学生一起来写，我们组北大博士毕业的刘伟老师做点评。最后当我们把连接的成果，随着我们年级的范文一起发给全年级所有学生的时候，它的力量是不可低估的。这不是一个简单的相加，这会在一个生态良好的校园里，产生一连串的化学反应，当然这也是我们期待的。

/ 满足学生的个性化需求 /

在课堂有了改革、引入读写训练后，我仍然明显地感觉到，学生的个性化需求仍然得不到满足。此时恰逢十一学校开始课程改革，这让我们看到了课程的力量。课程帮助我们解决了非常多的问题。我在前一段时间的分享中曾说过，有一些课程方面的问题老师是无法独自解决的，需要我们学校帮助老师解决。

举一个例子。我们在高一、高二分别开设了八门语文选修课。到了高三，我带着全组的老师一起商量，高三的选修课还要不要开。最后我们一致决定，让学生决定这件事。然后我们就去做调查、做问卷。举一个作文教学的例子，我们在高一、高二开出的选修课叫“记叙文写作”“议论文写作”，这是一个大的选修课体系，但是到了高三可能就不行了。我们就去调查，问学生在议论文写作方面有什么困难。有的孩子在问卷中写道：“我感觉审题立意常出问题。”有的孩子在问卷中谈道：“我感觉语言表达和思维之间脱节是我的大问题。”我们感觉有很多学生存在类似的问题，就利用假期研发这样的课程，光写作我们就开出了“作文的立意及呈现”“思维训练与语言表达”这两门课。我们把所有内容固定在八个点当中，一个月四周八节课，这个学期链是闭合的，就这八个点。

我们做这一切，都是从学生的需求出发，学生的需求引领我们由内而外自我突破，打破平衡，形成新常态，然后进入下一个周期，遇到更多新的挑战。我们做的所有事情都要贴着学生的需要走，当学生反映语文课是“皮厚馅少”的时候，我就反复地思考，怎样才能让学生学习语文时思路更清晰。于是，我们给台阶、给工具、给方法，学生慢慢就找到了属于自己的路径。我这学期又到了新高一，又重新设计了作文序列。虽然仍是写人记事，但是并不是简单地重复小学和初中的内容，每次训练都有非常明确的要求。在开学伊始，我会把所有要求都列在一张单子上发给学生，学生整个学期都可以积累素材，研究方法。举个例子，在具体要求中，我们分别有“用似贬实褒的手法来表现主要人物”“设计意料之外、情理之中的结尾”“运用以乐景写哀情的手法写作”等几个设计。

学生上小学时写过“我的妈妈”，初中时写过“我的同桌”，到了高中，又要写“一个我最难忘的人”，他就把小学、初中的作文稍微一改，仍然是在重复昨天的故事。高中要有高中的要求，要让学生感觉到他有章可循，每一次写都有收获，这样他才有学习的动力和成就感。

我们还努力引导学生准确地自我定位。高三的时候，我们老师会让学生把几次综合测试的成绩量化，把数据写出来，比如这道题满分是 10 分，你得

5 分，你就写 $\frac{5}{10}$，不要约分。如果静态地、孤立地看某一次考试成绩学生也许没有感觉，但是持续地跟踪他就会发现自己的薄弱点。

我把学生所有的有代表性的学习成果都整理到一个夹子里面，每个人都有这样一个学科成长档案。一段时间以来，学生在语文学习方面的数据和有代表性的成果都在这里，我不用再跟学生说很多话，学生一翻就知道接下来该怎么做。这个成长档案更多的是一种个别化的诊断，有了这样个别化的诊断，接下来我们的治疗、矫正才有针对性。

说实在话，做教学上的诊断、治疗很难说药到病除，立竿见影。像今天这样的分享会，我们可能也会拿扭转乾坤的例子来说一说，但事实上教学的常态是，你即使找准了问题，师生都付出了很多努力，最终却发现收效不大，甚至有较多的反复。这就是我们工作的常态。但越是这样，越需要我们仔细地研究。不要研究假问题，要研究学生身上真正的问题是什么。

/ 培养完整的人 /

学科教育并不是我们教育的目的。所有学科都是手段、途径，我们通过这些学科培养一个个完整的人，这才是我们的教育目的。比如，自然科学可以培养学生的科学精神，人文科学可以培养学生的人文情怀。

一个学生在我们刚刚学完柳永的《望海潮》后，也用那个词牌填了一首词《望海潮》。高中的孩子能写出这样的词已经很不错了。更让人惊奇的是，班上所有同学都可以在这首词中找到他名字当中的一个字。这不仅体现出了这个学生的能力，更体现出了他的情怀。后来我就对学生们说：“这是我们这个教学班的全家福，我们应当把它打印在一张大大的彩纸上，贴在教室的后面。这是一个别样的全家福。”

刘光同学于 2016 年被同济大学建筑系录取。他整个假期都跟我交流，他说："老师，我整个假期都在做准备。"我问："做什么准备呢？"他说："我美术不好，连画个图都画不好，我一直在练构图、画图。"另外，他说他学的是建筑设计，设计领域跨界的东西很多，他就找来许许多多领域的图书来研究，激发自己的灵感。

宋佳同学被一所中医药大学录取了。这个假期她一直在研究繁体字，试着开始读繁体字文献资料，因为中医的文献资料大部分是繁体字，是竖排版的。

高考结束后的一天，我到办公室加班。整个上午赵小阳同学一直在这里读书，中间她休息的时候我问她读的什么书，她说是《儒林外史》。我说："今天怎么读得这么专心？"她说："高三这一年确实挺紧张的，我没时间读我自己喜欢读的书。现在终于有时间了，我要好好读一读。"

这些事都发生在高考后，这是最令我感到欣慰的。这些孩子明白他将来能够做什么，并且他在实现自己价值的同时，想着怎么去回报他人，怎么为社会做出自己的贡献。我感觉这已经足够了。

基础教育阶段的老师们都应该想一想：孩子与我们朝夕相处，我们的每一点儿进步都是他们带给我们的。他们带给我们感动，带给我们反思。从这个意义上来讲，老师们真的应该感谢学生。作为老师，我们要用更高的标准来要求自己。

2015 届一位同学临别的时候送给我这样一段话："我一直认为学生在老师心里就是一群过客，没想到我们始终'筑'在您的心里。"

好，谢谢老师们！

/ 学生献花 /

崔永元 / 史老师，您把学生都当作自己的朋友。我想知道，您刚才提的那些孩子是班里成绩最好的孩子，还是普普通通的孩子？

史建筑 / 各个类型的孩子都有。

崔永元 / 不是挑最优秀的学生说的？

史建筑 / 没有，我刚才提到的一个人读书的赵小阳同学，高考发挥得并不理想。

崔永元 / 您得原谅我说实话，我觉得如果孩子们都这么优秀，我教他们也行，明摆着他们自学就能成才。

史建筑 / 崔老师，我感觉觉得自己多余是做教师比较高的境界。

崔永元 / 您对孩子们的欣赏让我特别意外。教学体会和经验您说得并不多，您讲了很多学生的故事，学生们的创造力是怎么来的呢？

史建筑 / 我们学校实施选课走班，让学生自己规划自己的学习，学生就感觉没有依靠了，这个时候反而激发出了他们内心的战斗力和创造力。

崔永元 / 您刚才特别强调了让孩子们学会做人这件事。

史建筑 / 对。

崔永元 / 这个是语文老师管的还是所有老师都要管的？

史建筑 / 应该所有老师都管吧，我管的还算是比较少的呢。

崔永元 / 语文老师在孩子成长的过程中会起到哪些特殊的作用呢？

史建筑 / 语文教学的载体比较特殊。比如，我可以在一篇文章或一首诗里呈现出某种人生哲理，所以有时候觉得自己身上的责任可能更大一点儿。再比如，我们平时让孩子们写随笔，我就可以在随笔里面看到孩子们的思想动态，包括他遇到的一些困难，我们能在第一时间捕捉到这些信息。

崔永元 / 我觉得这些学生是赶上了一个好时候，您看您给他们出的作文题有好多发挥的空间。我们小时候老师总让我们写“你最难受的一件事”，所以我的姥姥死了七次。我刚刚看到了学生的书单，洋洋大观，你研究过他们的书单吗？他们为什么要读这些书？为什么第一本读这个，第二本读那个？比如，刚才那个学生的书单，第一本是《毛泽东传》，第二本是《罗密欧与朱丽叶》，这两本书之间有什么联系吗？

史建筑 / 他读的是罗斯·特里尔写的《毛泽东传》，是外国人写我们的伟人，可能他的视角跟我们有一点儿不一样。

崔永元 / 学生阅读这本书就知道不应只从一个视角看问题。

史建筑 / 对。他读《罗密欧与朱丽叶》是因为正好课文当中有这样一个节选，他是为了拓展阅读。

崔永元 / 所以他要看全文。

史建筑 / 对。

崔永元 / 当您看到学生书目的时候，有没有出现过书目中有一半或者是绝大多数书都和高考没有关系的情况？

史建筑 / 有过这种情况。

崔永元 / 您会鼓励学生吗？

史建筑 / 高考有直接考核和间接考核，检测的都是学生的综合素养和能力。有些书貌似此时无用，但可能彼时就有用；可能此地无用，但到彼地就有用，应该是这样一个关系。我们没有必要过于狭隘地思考这个问题。

崔永元 / 让我们把最热烈的掌声送给史建筑老师。谢谢您的演讲，谢谢！

侯敏华

／

原来，我想要的就是这些

／

崔永元 / 马上要上场的是侯敏华老师，她也是一位普通的老师。我们先观看一个短片。

/ 播放短片《蓦然回首，我仍是那座桥梁》 /

侯敏华 / 我出生在东北的一个小镇。上中学的时候，心里头就有一个想法，就想做一个翻译。我觉得翻译可以把语言不通的两个人的思想连接起来，这是很美好的一件事。

我离开小城镇来到北京，首先要面对的就是现实压力。我当时想先稳住脚再说，就和学校签了六年合同，当老师。当老师就是训练学生考高分，也就是一个陪考的机器，我觉得没有多大意义。我是拒绝当班主任的，我觉得当老师只要把课教好了就是履行了自己的职责，多的工作我不想干。在从业的前十年，我基本上都是在摸索怎么做才能带着学生取得更好的高考成绩。

在我从教十二三年的时候，我很痛苦。那段时间我就不太想干了，当翻译的梦想就又出来了。我把办公桌都打理好，然后在桌上留了一张纸条，说我不回来了。特别有意思的是，我那张纸条其实被一位老教师看见了，然后这位老教师没有跟任何人声张，直接把纸条放在他自己的兜里。如果要辞职的话我要交违约金，我交不起违约金，就悄悄地回来做老师了。

同一年，在澳大利亚访学的时候学校领导问我愿不愿意当班主任，我答应了。我看见外面的教育是不一样的，就觉得有一些事情其实我们可以做得更好。我曾经向学生调查他们高中毕业以后怎样使用英语，有的学生要用英语搞科研，有的学生在工作中经常用到英语，有的学生可能用英语进行阅读，拓展自己的视野。所以我就思考怎样才能够帮助各种各样的学生打下一个比较好的基础，怎样才可以帮他做好准备。

学生不太习惯对英文原著进行深层阅读，因为阅读的同时还要思考，还要适应表达的方式。我就调整他们的阅读方式，告诉他们怎么读是对的，然后告诉他们去哪里找答案。我们整节课整节课地讨论，没有 PPT，没有板书。我只有把学生放在一个相对真实的语言环境中，英语才会变成一个跟骑自行车一样，隔多长时间都不会忘掉的技能。

每个学科都有它的育人目标，并不存在我们赋予它不赋予它的问题，但是却存在我们能不能看见它的问题。只要你遵循了这个学科的规律，就能找到它的育人目标和理念。你需要看准学生是不是跟你在一起，是不是跟你一起完成任务，是不是跟你共同思考问题。如果你不会做这个方面的工作，不会和学生沟通，那么，老师和学生之间是分离的，教学是低效的。比如，我教一篇很棒的文章，这篇文章和学生现在的认知及理解水平之间有差距，我就要在中间搭好桥梁，以便学生们能理解。

我和学生接触得越多，越能体会教育的魅力。

我可以关心一个孩子的各个方面，而不只是关心他的学科学习。

我非常珍惜和每个孩子交流的机会。孩子向我求助，往往是因为他内心很纠结，觉得外界强加给他的东西他完成不了。孩子向我求助，如果我没有帮到他，他会非常难过。我如果不能帮孩子解决问题，心里会一直记挂着。当班主任的时候我真的不知道失败了多少次，失败的原因主要是因为自己太主观，或者太强势，缺乏同理心，并不知道让孩子痛苦的东西到底是什么。

北京十一学校学生张天韧 / 我在文理分科问题上拿不定主意，想咨询一下侯老师，让侯老师根据我的综合成绩帮我选择未来的方向。

侯敏华 / 学生没有任何想法，他爸爸妈妈就想让他去北京大学的光华管理学院，让他学经济。

北京十一学校学生张天韧 / 我没有弄清楚自己内心真正想要的是什么。

侯敏华 / 我和他谈了一个多小时，什么都没谈出来。

北京十一学校学生张天韧 / 侯老师先假定我适合学文科。

侯敏华 / 我开始尽我所能地为他描绘了一个特别漂亮的、特别美好的前景，但一点儿都不吸引他。然后我又说了一下如果他学理科的话会是什么样子，他马上全力以赴地捍卫他学理科的这个未来。

北京十一学校学生张天韧 / 侯老师并没有给我一条具体的建议，她只是帮助我找到自己内心深处的答案。

侯敏华 / 学生其实对理科有很深的感情，但他自己不知道。我终止了谈话，他特别开心地走了，回去跟他爸爸“鏖战”去了。

当家长的想法和孩子的想法接不上的时候，我就要在中间搭好桥梁，帮他们实现有效沟通。在我看来，这比做翻译更加有意义。

我现在觉得自己是一个站在路边的指路人。学生走到某个地方不知道方向时，我在路边等着他，告诉他可以有哪些选择。如果没有我的话有一些障碍他可能克服不了。我只要看见孩子们非常非常积极、阳光地生活，就很开心。

崔永元 / 我在看这个片子时浮想联翩。我也当过学生，也学过外语，学了两年俄语和英语。我俄语学得特别好，英语不行。我们老师教我们英语的时候，你们知道他沮丧到什么程度？他拿着我们的考试卷子，说："外语是沟通各国人民之间友谊的桥梁，而你们只能破坏这个桥梁。"我们老师就生气到这个程度。

有一次，同伴跟我开玩笑说："如果让你杀一个人，你会杀谁？"我说："我想杀发明英语的这个人。"但是今天看完侯老师的这个短片，我觉得学习英语其实没有那么难。只要我们认真学，再碰上一个好老师，绝对可以学好英语。让我们以热烈的掌声欢迎侯敏华老师。

主旨演讲：原来，我想要的就是这些

侯敏华 / 各位老师，大家好！我还沉浸自己的片子里，有一些难过，不好意思。一个人想要知道自己在事业上的诉求，比如待遇、地位等，其实是很容易的一件事。但是想要知道自己的梦想，却是这个世界上最困难的事情之一。我在事业上走过很多很多弯路，今天就跟大家分享一下。

我的小学和初中是在农村度过的，大家都知道，农村有很多山山水水，好玩儿的东西非常多，我是没有学习动力的，不爱学习。但是如果我不好好学习，我爸爸妈妈就会不高兴，他们就会打我。我觉得他们非常"凶残"，他们永远都不会说："如果你不想学习，就回家跟我们种地吧！"

我曾说过，我永远都不想当老师。我看着教我的那些老师个个都苦大仇深，我干吗要像他们一样呢？现在我已经从教23年了，作为一个“苦大仇深”的老师，在这里跟大家分享我的感受，实在是造化弄人。

/ 教师是一座桥梁 /

上了高中以后，我开始有了自己的梦想，那就是当翻译。这个梦想陪了我十几年的时间，我的父母、爱人还有朋友都说我是天生做老师的料，当翻译简直是胡闹。但是为了当翻译，我付出了很多。上高中的时候，我去河坝边上大声朗读，跟着录音机去模仿发音。在我上中学的时候，做这些事情是“没有意义”的。因为那时候英语考试不考听力，更不考口语。为什么当翻译这件事对我这么有吸引力呢？那是因为我觉得翻译是一座桥梁，可以促进不同文化之间的交流。老师是干吗的？是工具啊，是帮学生考试的工具，我不想做那样的工具，那是没有意义的工作。

后来我有机会做了翻译，我发现作为一个翻译，我的表情过于丰富，我的理解过于深入。我把对方的吸引力都吸引到了我的身上，站在我旁边的人反而被大家忽视了。我就明白了，当翻译不是我想象的那样，当翻译要好好地做一个工具。我有一次亲眼看见一个做同声传译的人，穿着一双拖鞋走进一个小格子里，在那里工作，这不是我想象中的样子。那时，我已经从教十几年了，浪费了很多时间。

我现在意识到，老师也是一座桥梁，是知识和孩子之间的桥梁，是孩子的现在和未来之间的桥梁。我已经做了三年的咨询师，负责学生的心理疏导、学业规划及职业规划。我觉得自己更像一个守望者，守望在他们的必经之路上，一届一届的学生从我身边经过，他们拿走了希望，拿走了方法，继续走他们的路。而我就守在这里，这就是我想要的，这就是我的梦想。

/ 帮助孩子，帮助自己 /

有些向我求助的孩子非常沮丧，非常悲观，我要做的就是帮他们拨开迷雾，让他们看到希望。有些孩子会把自己的优点掩藏起来。到底是什么让孩子把优点掩藏起来？其实，我们大家都非常清楚，是外界的压力。我需要费很大很大的力气，帮他们把自身的优点找出来，同时教给他们巩固、发展的方法，告诉他们，他们是非常棒的。

有时候，我会看到一些孩子被一些莫名其妙的目标引上歧途，我会告诉他，目标不是用嘴说说就可以实现的，只有脚踏实地才能实现心中的目标；只有打下一个坚实的基础，才能为自己的未来创造无限可能性。不要空想，空想是没有用的。

在帮助这些孩子的过程中，我也弥补了自己的很多遗憾。我感觉自己一遍一遍地重走我的历史，但是每条路又通向不同的远方。我觉得这是我又不是我，感觉非常美好。

/ 五年时间完成自我梳理 /

我曾一度认为，所有的错事都是因为学校错了，体制错了，高考错了，学生太笨了。但是当我下定决心要当一个好老师的时候，我就开始对自己哪里都不满意，于是我开始了漫长而乐此不疲的反思和改变。到现在为止，我觉得我还是在变化着的。

十年前，我在课堂上用 PPT 教授单词，我觉得我用 PPT 对单词的讲解比词典上面的解释还要清晰、易懂。我的学生非常喜欢，他们跟小鸡啄米一样记笔记，然后回家复习，第二天回来接受我的检查。好多课就是这样上的，我就是这个知识工厂里的搬运工。后来，我开始痛恨这样的做法，非常痛苦，连上课都会走神儿。我觉得不能再这样下去了，于是我就用了五年左右的时间将自己的每一个课例，每一个课例的每一个细节，包括我组织练习、对答案的做法等，进行了细致的梳理和彻底的颠覆。我为此花了很多时间，在这个过程中我需要不断地看课标，向别的老师学习，并反思自己。当我完成这些以后，我发现自己变成了另外一个老师，这个老师有两个特点：第一，我的课堂是系统训练的场景，而不是单一讲授的场景；第二，我的能力体系带动了我的知识体系。

这之后，我是这样讲解单词的。比如，我要测试“评估”这个词，我会问学生：“你是怎么评估你的英语学习的？”孩子们会有各种各样的答案，我就让他们写下来。写什么都可以，只要他觉得是在回答这个问题就行。写完后，我让学生读给旁边的同学听，只要旁边的同学听懂了，认可了他的这个答案，他就能得分。大家可以想象一下，如果我要测 10 个单词，可能需要 20 分钟甚至半个小时的时间。如果用以前听写的方式，我 3 分钟就能搞定。但是用现在这样的方式来学习单词我和学生都非常开心，因为在学习知识的同时，学生可以生成非常扎实的能力。看上去要花费更多的时间，但是从长远来看，这么做是高效的。

/ 课程改革让我成为更好的自己 /

当我完成了自我梳理后，十一学校开始进行课程改革。这五年来，我作为学科主任是非常非常辛苦的，时时刻刻都在思考，身心都比较疲惫，但是我从来没有害怕过，从来没有过恐惧和担心，因为我之前的梳理给我了支撑下去的信心和希望。我知道我一定可以逐渐看清楚，我看到的东西应该是对的，我是可以撑下去的。经过这几年的奋斗，我跟我的同事们打造出了一个以能力为主、知识为辅的英语主干课程。我们还共同开设了十门英语选择性课程，供各类学生选择。

我想说一说我三年前的一节阅读课。那时，我们的阅读体系基本上形成了。我要教学生阅读新闻，这需要学生具备一定的信息提取能力，同时要有一定的条理性和逻辑性。我有意地寻找自然段多、信息特别琐碎的很长的新闻。我还会让学生判断，比如，这个自然段是独立存在的，还是跟其他自然段有关联，如果是有关联的，是如何关联和呼应的。

我现在回想起这节课，觉得非常不满意，生硬且损失了很多趣味性，虽然有一些表达方面的训练，但是没有很好地与学生的生活关联起来。

我想再说一下我上个月上的一节阅读课。一个美国中学生在澳大利亚一所中学做交换生，他在澳大利亚期间在网上发表了一篇博文。他在这篇博文中，比较了美国的中学和澳大利亚的中学在课程设置和课外活动方面的不同。我让我的学生阅读这篇文章，开拓他们的文化视野，同时我还让学生给这个美国中学生回一个帖子。回帖文章要包括三个自然段：在第一个自然段中，学生要交代自己的身份，与这个美国中学生有一个很好的互动；在第二个自然段中，学生要说一说自己从他的文章中都受到了哪几点启发，至少要说三点；在最后一个自然段中，学生要问一两个问题。根据这篇博文，美国中学生是可以回答这一两个问题的，只不过他在这篇文章中没有清晰地表达出来。

我不知道大家喜不喜欢这样的设计，我个人觉得这样的设计是很受我的学生欢迎的，上课的效果也非常好。既训练了能力，也让学生跟文本之间建立了联系。如果仔细地想一想，这里面还有学科、思维、判断力等育人的东西，所以我觉得我还是在进步。

我今天是在说自己，又不是在说自己。我的意思是，如果有非常好的平台，每位老师都可以创造很多东西，也可以创造很多很多未知的未来。教师这个职业其实是天底下最有趣的工作之一。我曾经鄙视它，我错了。

现在，我实际上还是在做常规的工作，要备课、组织早读、判作业、出卷子。但是这些事情在我的眼中已经变得不一样了，因为我可以清楚地看到其中的意义。这些事情不再是碎片化的，它们合在一起，就是我的孩子们，我们的孩子们，我们国家的孩子们，是通向未来的桥梁。这就是我愿意做的事情。我的梦想实现了。

最后，我想再说一下关于“老师是工具”这个观点，我也错了。

在庞大的教师队伍中，有很多老师将自己定义为真正的教育工作者，这些人是不会说出来的。有些老师外表看上去“苦大仇深”，但事实上他们已经实现了内心的梦想。他们应该受到人们的尊敬。这就是教师，一个承载梦想，也可以实现梦想的职业。谢谢大家！

/ 学生献花 /

崔永元 / 谢谢侯老师。这个送花的小姑娘是谁？

侯敏华女儿 / 大家好，我是十一学校高三的学生，我妈妈今天的演讲特别棒。

崔永元 / 你可以用英语评价一下你妈妈讲得怎么样吗？

侯敏华女儿 / This is the best speech I have ever heard.

崔永元 / 请你的父亲给翻译一下。

侯敏华丈夫 / 这是我听过的最精彩的演讲。

崔永元 / 你看这一家人真是其乐融融。您会做饭吗？

侯敏华丈夫 / 侯敏华将主要精力都放在了学校，所以我被迫学会了做饭，目前已得到我妻子和女儿的认可。

崔永元 / 同样的演讲，我们每个人听完以后，感触可能是不一样的，但是希望这些感触对你们有用。把最热烈的掌声献给我们的侯老师，谢谢您，谢谢！

侯老师可能还有别的打算，她有可能还去做翻译，但是我想代表李希贵校长说，侯老师是北京十一学校不可分割的一部分。

潘国双

/

因数学而变得简单

/

崔永元 / 下面出场的这位老师，让我有一点儿头痛。数学对我而言没有任何道理可言。当年我学数学的时候，我们老师让我们算“65+76”等于多少，我算错了还狠狠地批评了我。当时我觉得特别不可理解，我说：“老师，65+76 这么多的数你让我算，算不对您还批评我。陈景润 1+1 都没有算出来，都没人批评，还受到表扬！”我今天特别期待潘国双老师的演讲，希望他的演讲能燃起我重新学习数学，哪怕是学算术的信心。先看一个短片。

/ 播放短片《因数学而简单》/

北京十一学校保安张希 / 我们经常晚上 11 点多的时候看见潘老师还在加班。

北京十一学校保安崔浩 / 我对他的印象很深，每次我们清楼清到他那间教室的时候他总是在工作。

潘国双 / 我的家乡是江西上饶，我是一个农村出来的孩子。我自己的教育之路很普通，和大多数农村孩子一样都是在一个小学里面上学，然后再上初中，而且都是很差的那种学校。

我虽然家庭条件不好，但我的求学之路还是比较顺的。我在北京师范大学读了三年博士，毕业后又到对外经贸大学代了两年课。但我不喜欢大学的体制。我就是这样一个人，如果我心情不是很好的话坚持一两天可以，但坚持一年、两年，甚至一辈子都窝在这个单位，我觉得我会受不了。

听说北京十一学校比较自由，我就选择了这里。我喜欢教书，这一点我是确定的。

传统的观念认为，学生就应该好好学习，好好考试，但是我认为，我们更应该告诉学生学习的意义。我们都学过三角函数，一上来就学一堆抽象的公式，没有人告诉我们学三角函数有什么用。二十多年前我曾问过老师这个问题，老师虽然嘴上没说，但我能感觉到，他觉得我是在添乱。其他人都忙不过来，你还在问学三角函数有什么用！特别是在农村，感觉我问这话就是有神经病。

相信现在仍有很多学生不知道学这个有什么用，甚至有很多老师也不知道为什么学这个。

三角函数的本质是研究周期的规律，很多自然现象的本质就是周期。所以在学习三角函数前，我列举了很多周期现象。有学生对钱塘江大潮特别感兴趣，我就让学生把三角函数学好，以便进一步了解钱塘江大潮的规律，这样学生就有了学习三角函数的动力。

我们学校的数学课，高中分五层，初中分四层，都是由我负责。我给学生布置任务，给他们列任务单。因为每个人的特点不一样，所以每个人的任务单是不一样的。

学生甲 / 我选的是数学Ⅴ，光学人教版教材的话，感觉有点儿不够。

学生乙 / 我选的是数学Ⅲ，主要是在高考层面上有一点儿提升，老师对我的个性化指导更多一些。

潘国双 / 每个学生都有自己的特点，我会让某些人去学可能偏竞赛一点儿的知识，让一些人去学大学先修课方面的知识。

从 2011 年 9 月开始，这几年来我一直过的是很简单的生活，就是上课、答疑、写教材，从写教材开始就很少回家。

我写的教材跟传统教材不太一样，我的教材可以分为三个部分：第一个部分是跟传统教材相近的内容，我在传统教材的基础上做了一些加工；第二个部分就是大学先修课的内容，学生只有 15 岁，知识储备也不够，所以一定要学微积分的话，不能拿大学教材来学，所以我又把大学教材进行了加工、改写；第三个部分是中学教材里没有的，但我觉得这些内容一个优秀的中学生应该知道。

我有时候也觉得很惭愧。看到周围有些同学的父母去世了，我就会想，如果哪天我的父母也不在了，我会不会感到遗憾，因为我这几年就只见过他们一两次。但写教材这件事我已经做了一半了，我现在就是咬着牙也得完成。我不知道是因为我学了数学，才形成了现在的性格，还是因为我本身就是这个性格，然后我适合学数学。那些很优美的公式一般是很简单的，我自己平时的生活方式也是越简单越好。

崔永元 / 又是一位可爱的老师。我看了这个短片后感受特别深。相信大家听潘老师讲，一定会有更多的感受，掌声欢迎潘国双老师。

潘老师好，我觉得您的名字特别好，好在这个“双”字上，说明你至少要在两所学校当老师。

潘国双 / 我还真没有这么想过。

崔永元 / 您现在是在十一学校当老师?

潘国双 / 对。

崔永元 / 您以前是在哪所学校?

潘国双 / 我最开始是在北京服装学院教书，然后中途又在对外经贸大学代了两年的课。

崔永元／一开始是在大学，是吧？

潘国双／对，两个都是大学。

崔永元／现在在中学。

潘国双／对。

崔永元／让我们一起倾听潘国双老师精彩的演讲。

主旨演讲：因数学而变得简单

潘国双／各位老师、各位来宾，大家下午好！我今天演讲的主题是“因数学而简单”。

我想和大家分享一个公式：$e^{i\pi}+1=0$。我觉得这个公式最能体现我的性格。当时在学校学习这个公式的时候，我觉得它是我们这个世界上最完美的公式。至于它揭示了什么，我一会儿会为大家揭晓。

我认为，与其我在这里长篇大论地介绍我自己，倒不如介绍我们的数学Ⅴ课程，因为在最近的四五年时间里，数学Ⅴ课程基本上就是我的全部。

数学Ⅴ课程是我们所有数学课程中层级最高的，它主要针对从初一到高三学习基础扎实、学习能力很强的学生，每个年级大概有60—70人，占全体学生的15%左右。什么样的学生能选择我们的数学Ⅴ课程呢？我们一般建议今后想从事数理专业，或者说金融方向的职业的学生选修数学Ⅴ课程，当然还要结合学生自己的兴趣。

选修数学Ⅴ课程的学生有哪些特点？第一，他们的兴奋点都很高。第二，他们对老师的期望值非常高。第三，他们很有个性，对自己的想法非常自信，有时候甚至有一点儿固执。

下面我简单地回顾一下我们这几年数学Ⅴ课程中的教与学，我把它概括为以下三个部分。

/ 数学V课程的第一个特点：准 /

第一部分，我用一个字“准”来概括。我分两个方面进行解析。

“准”的第一个含义就是准确地把握各个知识点的内在逻辑。我们都知道，数学是讲逻辑的，没有逻辑就没有数学。我这里举一个例子。我在大学里教过书，在讲《线性代数》的时候，我问学生：“这一部分内容起源于我们中学的哪一部分内容？”结果让我很吃惊，很多学生都不知道。我就想，二元一次方程组和行列式与矩阵应该说是同宗的，源于一个问题，只不过是相隔了 6 年，一个是在初一学的，一个是在大一学的。也就是说我们把这个时空给它拉大了，但是它毕竟是来自一个本源的东西，学生怎么能不知道呢？所以，后来我在写数学 V 教材的时候，就有这么一个想法，就是我一定要建构适合我们自己的、适合选修数学 V 学生特点的教材。我一定要按照我对数学的理解，重新整合教材的结构。所以，在写初一的教材时，我将大学《线性代数》中行列式与矩阵的内容加了进去。

我印象中做这个课程改革的时候，光目录我就写了 49 页。我把初中、高中和大学前两年我认为该下放到中学的内容，全部打乱、捣碎，再重新按照我对数学的理解编排。当时我们就把大学《线性代数》里面的行列式与矩阵中二维和三维的部分放到中学教材中。大家都知道，二元一次方程组对应的是大学要学的二维的行列式与矩阵。如果从行列式与矩阵的角度去理解二元一次方程组的话，学生能更容易看清它的本质。我想，既然这样更容易看清它的本质，我们为什么不把它拿下来呢？况且学生接受这个并不困难。当然，这些都是我自己的想法，马上就面临现实的问题了。

我把这个教材发下去之后，还没有讲到这部分内容，就有家长给我打电话了。我记得有几个家长和我说的第一句话就是：“你把我的孩子当成了小白鼠。”家长和我讲了很多道理，有一位家长对我说：“我们都读过大学，都知道这部分内容是在大学学的，你现在让初一的学生学这些，你想干吗呢？”

我当时跟家长说了很多很多，最后跟他们达成了一个协议，我让他们回去不要告诉孩子这是大学的内容，让孩子先学一段时间看看效果。后来，我专门把这部分内容抽出来考试，结果发现这一块内容的考试分数竟然比之前的常规测验分数要高。

“准”的第二个含义就是准确把握学生的思维特点。我们知道，我们做老师的不能只会知识点，我们还要学会跟人打交道。所以，如果一个教师不知道学生是怎么想的，只按照自己的想法去教，那这个教师就是单方向的教，无法获得有效的反馈。我之前感觉自己在这方面做得很好，但是来十一学校的第一年，我就被一句话镇住了。当时我与我们班非常优秀的一个学生讨论问题，他跟我的观点不一致，我们争执了很久。其实，那个问题在我看来并不难，我可以用我大学三年级学的知识向他解释。但是他没有学过大学三年级的知识，所以我就说服不了他。就像我刚刚跟大家说的，这群孩子是很自信的，他们很相信自己。他最后对我说了这么一句话：“如果我是爱因斯坦，你就同意我的观点了。”我当时彻底被征服了。我是博士毕业后来到这所学校的。当时很多人对我说，你一个博士去十一学校当老师是不是有一点儿浪费？在那一刻，我真的觉得自己水平不够。虽然我已经读完博士课程了，但是我不能用学生能接受的方法说服他。

后来，我就想，既然我从正面无法驳倒你，我就假设你说的是对的，我们继续往下演绎推理，然后一步一步推，最后得出了很荒唐的结果。这个学生在看到这个荒唐的结果后就服了。从此之后这个学生对我真的特别好。

这件事情给了我一个启发，我把它称为“寻错探疑”。很多人觉得当老师很简单，就是把书本知识传授给学生。但是我认为，教师在课堂上不能总是讲对的知识。我碰到过很多学生，你讲对了，他也明白，但是他不知道他错在哪里，所以他下次还会犯同样的错误。我一开始只跟学生讲正确的知识，但是我不跟他讲错在哪里，最后我发现学生在下次做题或者是考试的时候还是会用错误的方法。后来我干脆不讲对的了，我就将错就错，我就顺着学生的错误思路走。当然，我一开始不会说学生是错的，我会说学生的思路很好，但顺着往下走就能发现他的问题。这就是我说的另一种新景象。令我感到吃惊的是，我们有时候会发现意想不到的东西。

好，我刚才给大家讲的是数学 V 课程的第一个特点“准”。

我们总说，教数学要教素养。素养是一个精神层面的东西，我们不能空洞地说我这一节课就讲素养，素养需要载体。所以，第一，我要树立学生的是非观。有了是非观，他才能够判别是非。第二，我要培养学生严谨的逻辑思维。就像刚才提到的那个学生说的，“如果我是爱因斯坦，你就同意我的观点了”。我到现在仍然很欣赏这句话，因为我真的说服不了他，至少我的逻辑没有严谨到把他说服，这句话刺激我让我对待教学更加严谨。

我把大学的知识和初一的知识结合到一起，我希望我的学生通过我整合的教材，理解不同的知识点之间的内在逻辑关系。当然，我更希望学生看了我写的书，在若干年以后，他可以在我的数学 V 课程基础上，重新整合一本更好的数学 V 教材，因为他已经学会了重新整合知识点的能力。这就是我对他们寄予的希望。

家长一开始对我有很多质疑，随着我们课程的深入和推进，他们开始由质疑变成了关心，甚至帮助我们。另外，学生也更加敢于挑战权威了。我总跟学生说：“你别认为书不可能错，书是人编的，是人就有可能犯错误，所以书可能是错的。”

/ 数学V课程的第二个特点：宽 /

数学 V 课程的第二个特点是“宽”，“宽”也包含两层含义。

第一层含义，我讲授的知识点可能是很宽的。举个例子，数学 V 教材中有一道有关长沙马王堆千年女尸之谜的例题，题中涉及了物理、化学、生物、历史、数学等学科。这个例题中涉及的数学知识点很简单，我为什么还要挖空心思这么设计呢？首先，我作为一名数学老师，是非常支持学生学好语文的，因为我觉得学好语文、学好阅读太重要了。我在一道例题中收纳了这么多材料，其实就是想让学生训练阅读。其次，我希望学生能够学会从数学的维度解读一条新闻，看看我们能做些什么。比如，我们能不能推算女尸是在哪个朝代的。

“宽”的第二层含义是知识的载体来源宽。刚来十一学校的时候，有一个周末我去监考物理竞赛，在监考的过程中我发现试卷的最后一道题用数学中的均值不等式来求解也很简单。当时我正好要讲到均值不等式，我就就地取材，在讲这个课的时候我就讲这道物理竞赛题。我先讲物理方法，再回顾数学方法。我告诉学生，我可以从数学的角度来解决物理竞赛题。

刚才说的这个“宽”里，都融入了哪些学科素养呢？

首先，是阅读理解能力，从材料中提取信息的能力。我们经常听见一些学生说，这道题他本来会做，但看错了题。我们被这种表象迷惑了。其实，他并不是看错了题，而是理解得不到位。我们一直认为他数学哪一部分知识点没有掌握好，其实根本不是。我们作为数学老师，有时候也需要站在综合的角度，帮学生提高阅读能力。像我刚才说的，我们可以有意地为他设计这样的场景。

其次，是各学科知识的互相融合。我在做数学 V 教材时，因为没有参照版，我就总是要换位思考：如果我是学生，我希望读到一本什么样的数学教材；如果我是学生，我希望在数学课上听到老师讲什么。学生现在同时在学好多门课，我们作为老师如果考虑到了这一点，从多个角度去给他启发，当然核心仍是数学问题，学生会感觉更亲近，他会觉得数学就在我身边，没有那么远。

有一次，学校给我们提供了一个很好的机会，让我们去美国学习参访。那两天正好是物理竞赛出成绩的时候，随行的老师有教物理的，他们说第一时间收到了学生发来的报喜短信，非常兴奋。我掏出手机一看，我也收到了，但是我没有说出来，因为我怕刺激到别的老师。

后来我才知道，我是唯一一个收到学生报喜短信的非物理老师。我觉得我从“宽”的角度入手，为促进学生学习做了一些贡献。

/ 数学V课程的第三个特点：近 /

数学 V 课程的第三个特点是“近”。“近”也包含两层含义。

“近”的第一层含义是指接近学生的最近发展区。我最近两三年开始负责我们学校的 AP 课程，然后我也写了大学的 AP 教材。但我不能直接把大学教材的内容拿到中学来讲，因为大学教材是针对十八岁的孩子，而高一高二的孩子才十五六岁。我们的这个教材，是完全针对十五六岁的学生。我换位思考：假设我是他，我希望这个教材是什么样的。我就按照这种方式编写了这本教材。我打一个比方，有一个知识点，我们将之比喻为一座山，大学教材可能是让学生很快地爬上去，我现在是让他缓缓地爬上去。这样学生走在上面的时候，就不会感觉陡。大学教材中二三十页的内容，我可能就写了八九十页，所以书就显得很厚。后来的实践证明，这么做的效果不错。

“近”的第二层含义是接近生活实际。网上总有人宣扬“数学无用论”，甚至还有人说只要上菜市场买菜不会算错钱就可以不用学数学了。我改变不了整个社会的舆论，但是我能改变我的学生。我尽量在我的教材里，或者是我平时讲的例子中，做到接近生活实际。我记得讲指数函数的时候，我编了一道有关利率的题。我把各大银行的利率表打印出来，让学生观察一年期利率和两年期利率有什么区别。大家异口同声地告诉我，两年期利率比一年期利率高。我问学生：“假设你是银行的决策者，你要怎么制定这个利率？是不是保证两年期的利率比一年期的利率高就行了呢？”很多人不假思索地说：“那当然了！”学生认为，储户存两年对银行更有利，银行的收益更多，所以银行应该付给储户更多利息。我后来就追问了一句：“如果现在银行一年期的利率是3.3%，那两年期的利率是不是只要大于3.3就行呢？”很多同学都说“是”，但事实上不是这样的。

如果一年期的利率是3.3%，那么连续存两年利率就是3.6%了。为什么？因为钱是会增值的。也就是说，存两年利率3.6%跟存一年利率3.3%是等价的。如果你是银行的决策者，你仅仅是把两年的利率设定大于3.3%，假设设定为3.5%，这样的话就没有人会去存两年。你应该设定一个3.6%以上的数。我把这种实际问题展现给学生，让学生感受一下数学对现实生活的影响。

/ 我从哪里来 /

下面一个板块是“我从哪里来”。台下的一些老师和校长可能会问：你是怎么做到这些的？下面我就进一步解析我是怎么变成现在这样的。如果用一句话解释的话，那就是“我是在模仿榜样，但同时我更是在沉淀自己”。

我刚来十一学校的时候，我的教学师父是一个竞赛教练。我当时跟着他学竞赛，有一些不一样的想法。我的师父很鼓励我按照自己的想法去做。后来，我又很幸运地赶上我们学校的课程改革大潮，我将我大学的工作经历转化为我的优势。当然有一点我必须得提到，我刚来十一学校的时候，我们学校有一位物理老师叫张少鹤，他非常有名。因为物理学习要用到微积分，我就主动向他提出为参加物理竞赛的学生上微积分。有很多学生和老师说我甘愿去做张老师的绿叶。大家可能不知道当时的情况，能够做张老师的绿叶，是非常荣耀的一件事情。

所有这些东西沉淀下来就是我。我很幸运地选择了十一学校，而且成为十一学校课程改革的探路者。让我感到满足的是，我开发出了一套比较完善的数学高中教材。

2010年的时候，我就曾经预测到学校课程改革的方向。学校那时还都是普通班，但是当时我已经在班内分层了。我在私底下把我们班的 36 个人分成 6 个等级，分层次、有针对性地教学。

可能马上就有人会问我："你为什么会有这种预见性呢？难道你真的有那么神吗？"其实，我只是还原了学习的本来面目，回归到教育的本源，做了我本该做的事而已。

最后，我们回到这个公式 $e^{i\pi}+1=0$。我刚刚说了，这是我认为数学中最美的一个公式。e 大家都认识，是自然常数。π 我们在上小学的时候就认识了。我想在座的老师都学过虚数吧，虚数的单位就是 i。这几个都是我们数学不同学习阶段和不同分支衍生出来的数学常数。但是这些常数组在一起，最后得到了零，这个公式被称为"欧拉公式"。

这些加起来以后得到 0，0 是什么？ 0 是原点，是本源。这些数蕴含着深刻的数学道理，潜藏了神奇的数学奥妙，实现了数学的真谛和自然的和谐统一。也就是说，经过这么一番折腾我们又回到本源，回到原点，这就是我。好，谢谢大家！

/ 学生献花 /

崔永元 / 请学生把鲜花送给潘老师。

潘国双 / 谢谢！

崔永元 / 这是您的两个儿子吗？

潘国双 / 他们是我来十一学校后教的第一届学生，我对第一届学生特别有感情。

崔永元 / 您还能记得他们的名字吗？

潘国双 / 当然了，我做梦都会想到。

崔永元 / 您能介绍一下他们吗？

潘国双 / 这是庞天宇，这是陈博轩。

崔永元 / 他们现在在哪儿上学？

潘国双 / 他们现在在清华大学读大三。

崔永元 / 两个人都是在清华大学？

潘国双 / 对，他们都是高二一开学就被保送的。

崔永元 / 您对他们特别熟悉吗？

潘国双 / 特别熟悉。

崔永元 / 他们两个人的女朋友叫什么？

潘国双 / 这个我就不知道了，因为当时他们并没有女朋友。

崔永元 / 看来也没有那么熟悉。请你评价评价潘老师。

庞天宇 / 我觉得潘老师是我最佩服、最敬佩的一位老师。我在清华大学已经上过很多课，依然觉得潘老师的课是我最喜欢的，也是让我收获最多的。

崔永元 / 我能不能这么理解，你其实不服其他老师？

庞天宇 / 从知识层面上来讲，对其他老师我肯定都是服气的。但是我觉得我之所以爱听潘老师的课，是因为他讲课的思路是我在书本上看不到的。他会将他独特的理解告诉我们，所以我很爱听潘老师的课。

崔永元 / 你是一看到潘老师就喜欢他，还是在跟他接触的过程中，慢慢地发现这个人值得敬佩？

庞天宇 / 刚刚潘老师讲，有一个学生说，“如果我是爱因斯坦，你就同意我的观点了”，其实那句话是我初三时说的。当时潘老师带领我们学高等数学，在学极限那部分内容的时候，我和潘老师关于无限大的问题有一个讨论。我很快就被潘老师的才学折服。

崔永元 / 你毕业以后会选择什么职业？

庞天宇 / 我们两个的专业都是数学物理基础科学，当然，我们这个专业有应用方向，我现在就是学习人工智能方面的知识，所以说潘老师对我的帮助非常非常大。

崔永元 ／ 讲讲你心目中的潘老师。

陈博轩 ／ 潘老师很和蔼可亲，上课的时候比较认真负责，就像刚才片子里讲的那样，天天工作到很晚。我感觉他的教育方法是因材施教，不同的学生他有不同的教法。

崔永元 ／ 你能不能用最简短的话来介绍你们的潘老师？

庞天宇 ／ 潘老师是一位非常优秀的老师。

崔永元 ／ 优秀的老师有很多。

庞天宇 ／ 他上课可以给你一种全新的感觉。

崔永元 ／ 每一堂课都是全新的感觉？

庞天宇 ／ 你上潘老师的课不会觉得是在上课，会感觉时间过得很快，而且还能掌握一些知识。

陈博轩 ／ 我觉得潘老师是一个很有思想的天才级的老师。

崔永元 ／ 太棒了。谢谢你们，谢谢！

实话实说

/

崔永元对话
史建筑、侯敏华、潘国双

/

崔永元 / 我们现在有请三位老师上台，进行一个小座谈。史老师，您听另外两位老师的演讲有什么新的收获吗？

史建筑 / 此时此刻我很感动，侯老师讲的择业过程中的困境纠结，好多老师都遇到过这样的情况。我也很敬佩潘老师的敬业精神。他说忠孝不能两全的时候，我感觉心里酸酸的。

崔永元 / 其实，每个职业都是这样，这个不用太渲染，每个职业都是忠孝不能两全。您作为一个丈夫，平时是怎么陪自己妻子的？

史建筑 / 陪我爱人跑圈，到昨天为止已经跑了六圈了。

崔永元 / 结婚有多少年了呢？

史建筑 / 结婚有二十多年了。

崔永元 / 在您看来这是一件很重要的事吗？

史建筑 / 挺重要的。

崔永元 / 我上小学、中学的时候就在想，老师的孩子肯定特别占便宜，因为父母在家里就可以给他讲课。您给您的女儿开小灶吗？

史建筑 / 没怎么开过小灶。做老师就会有这样的问题，你不能把教师和父亲的角色混在一起，那样会出问题的。

崔永元 / 不容易，好难啊！

史建筑 / 我女儿高考时，语文分数是各科中最低的。

崔永元 / 您在家里是当父亲，是吧？

史建筑 / 对。

崔永元 / 您作为父亲怎么跟自己的女儿打交道呢?

史建筑 / 跟她一起玩儿呗。

崔永元 / 宠她吗?

史建筑 / 挺宠的。

崔永元 / 对她有什么要求吗?您希望她将来成为什么样的人?

史建筑 / 我希望她以后朝着自己感兴趣的方向发展,做一个平凡而幸福的人。

崔永元 / 您的学生平时会和您讨论恋爱、情感方面的问题吗?

史建筑 / 会。我讲一个小故事,高三报志愿的时候,因为我对报志愿研究得比较多,给孩子们提了好多建议,就有一个学生跟我说:“史老师,现在分数已经出来了,您能不能帮我出谋划策,让我跟我女朋友被录取到一个大学里去?”我感觉这是新课题,我研究了大量资料,之后我对他说:“我能保证你们录取到一个城市,但是不能保证被一所大学录取。”

崔永元 / 如果学生在学校期间早恋,老师们会干涉吗?我们那个时候是绝对不允许的。

史建筑 / 我们学校会开展丰富多彩的活动,让学生在活动中学会如何与异性交往。

崔永元 / 健康地交往。

史建筑 / 是,如果真的身陷其中,有一点儿过分,我们作为老师肯定也要干预一下,起码要提醒他一下。

崔永元 / 怎么提醒?

史建筑 / 有的时候举点儿失败的例子,有的时候说点儿不疼不痒的话。

崔永元 / 这件事您没有我有经验。

史建筑 / 请您说一下。

崔永元 / 遇到这种情况我就跟孩子们说，你考上大学以后会觉得好看的姑娘比中学多多了，大学毕业以后你会发现世界上好看的姑娘更多了，所以不要急着在中学就定了这件事。

我们有请史建筑老师的两个徒弟，刘伟和张珊，欢迎他们。

崔永元 / 两位老师能不能分别介绍一下史老师教学生写作、阅读的诀窍，让我们在座的老师、校长们再加深一下印象？

刘　伟 / 可以。我觉得史老师教写作最有挑战性的一点就是他和学生一起写作。刚才史老师已经提到了，学生写作的时候，他同时让学生给自己命一道题。他和学生在相同的时间内完成，一起交卷子。我觉得不是所有语文老师都能够接受这样的挑战。

崔永元 / 你们现在教学生写作的时候有什么要点吗？

刘　伟 / 史老师始终觉得，写作是应该有其难度序列的。学生上小学、中学，可能会写同一个作文题目，如果我们有一个难度序列设置的话，就能基本保证学生是在进步。

史建筑 / 我有时候会做一点儿感性的、原始的东西，因为刘伟和张珊都是北大毕业的博士，我经常请他们站在学术的角度给我做一些提炼。这样，孩子们就能从理性到感性，认识得比较深刻。

有一个同学写作文《一个人的战争》。他虚构了这样一个情节：两个水手掉到了大海里，他们身上只带了少量淡水。这两个人都意识到，这些淡水只能让一个人活下来。这两个人的心中，不约而同地冒出了邪恶的想法。每个人的心中都打起了一个人的战争。

这个孩子写的文章还是很不错的。我对他说这个题目还有另外一种处理方法，我就把这个熟悉的东西做了一个陌生化的处理。后来，刘伟点评的时候就把这一点提炼出来了，呈现给全年级的学生。刘伟告诉学生这就是熟悉题材的陌生化，这是在小说创作或者是叙述类文章中常用的一种方法。学生们马上就明白了。

崔永元 / 张老师，您觉得史老师作文教学中最重要的一点是什么?

张　珊 / 我很难概括，因为我觉得史老师教作文不仅理论体系很丰富，而且各种方式方法、知识储备都很丰富。我刚跟史老师学习不到一个月，我现在还很难概括。我决定利用接下来的时间继续学习。

崔永元 / 其实我在后面问过他了，他告诉我四个字——真情实感。这个对学生写作太重要了。

史建筑 / 在作文教学中，我们谈到议论类的作文时，会强调真知灼见；谈到叙述类或者抒情类的散文时，我们常提的就是真情实感。这两个词都以“真”字开头，可见“真”有多么重要。

崔永元 / 刘伟、张珊、史建筑，再加上我，咱们四个都算是跟语文沾边的。咱们现在即兴写一篇作文好不好？就是一个人说一句，我们接着说下去。这篇作文的题目是“侯敏华老师的魅力”。我先开头吧。侯敏华老师是北京十一学校一位普通的英语老师。

史建筑 / 她是一位女老师。

刘　伟 / 她看上去很普通，但是上过她的课的学生永远也忘不了她。

张　珊 / 侯老师的灵魂是五彩缤纷的，有很多侧面能折射出她的美好。

崔永元 / 有一天，侯老师到十一学校来上课，一进校门他见到了史老师，她很惊讶。

史建筑 / 她对史老师说：“史老师，您怎么这么长时间还拿着您的这个破包啊？”

刘　伟 / “其实您可以换一个包，我可以再给您买一个。”

张　珊 / “这个包又大又破，里面好像还装了很多东西，到底是什么啊？”

崔永元 / 听了这些话，史老师说：“我真没想到，十一学校的老师不思考怎么教学，而只盯着我手里的一个包。”

史建筑 / 史老师说：“这个包最大的用处是什么呢？因为我们学校的保安经常换岗，当我提着带有学校标志的包进学校的时候，保安就感觉我比较安全。”

刘　伟　/　在十一学校，包也是教师的一种标志，我们这样做也是为保安考虑。

张　珊　/　我们每位老师长得不一样，但是身边的很多小东西都有很多相似点，这可能也是老师的职业特点决定的。

崔永元　/　我想跟现场的朋友们说一说，你不要听这个老师给你分享的教育心得，你一实战就看出他的水平了。这是我平生见过的最差的一篇作文。

史建筑　/　写到这里我突然发现，这篇文章的题目不是“侯敏华老师”，而是“史老师的包”。

崔永元　/　侯老师一直是想做翻译的。我少年时的梦想是当电影放映员，为什么呢？电影放映员可以不要钱看电影。这个念头一直支撑到我现在，我已经收集了三百多部电影放映机。侯老师，你想做翻译的这个念头是怎么产生的？

侯敏华　/　我从上初中的时候就开始接触英语，我发现我学什么都不灵，就学英语特别快，不用特别吃力就能把它学好。

崔永元　/　您教的学生里是不是也有特别有语言学习天分的？

侯敏华　/　绝对有。

崔永元　/　这样的人一般都长什么样呢？

侯敏华　/　肯定不是像您这样的。

崔永元　/　有请侯敏华老师的丈夫，张浩先生。请坐！您爱人不太会说话。

张　浩　/　我刚才在侧面没有听清楚。

崔永元　/　她在大庭广众之下说，长得像我这样的人学不好英语。

张　浩　/　这符合侯老师的性格，在家里有的时候我们一说话她就说不许说了，下一句话可能就不是好话。

崔永元　/　在家里可以理解，您是她的丈夫，可我是被请过来主持节目的。

通过这个小的细节，我觉得侯老师像是没在这个社会生活过，社会经验不丰富。您觉得呢?

张　浩 / 我也觉得是这样。她教了二十几年书，跟孩子打了这么长时间的交道，没有被社会世俗的东西影响。

崔永元 / 她在家里会跟您探讨教学方面的事情，或者是和学生打交道的这些事吗?

张　浩 / 不跟我说，她觉得我听不明白。

崔永元 / 那我就放心了，我以为她只觉得我不好教。其实，侯老师应该学会因材施教，不是每个人都有学外语的天赋。

侯敏华 / 我明白了。

崔永元 / 您要是碰到那种学语言很困难的学生，您会怎么对他?

侯敏华 / 我放弃他。

崔永元 / 放弃他?

侯敏华 / 对。学不好数学也可以当作家，学不好英语还可以做其他事情。很多人学习英语就是在浪费时间，是没有必要的。

崔永元 / 你的意思是实在学不会可以不学。

侯敏华 / 是的。

崔永元 / 有您这句话，学生们都可以轻装上阵了。学英语很难吗?

侯敏华 / 英语实际上是所有科目中最好学的，因为它是语言，只要会说话的人都可以学会。

崔永元 / 我认识好多外国朋友，他们说中国话说得特别好。有一个外国朋友和我说，他一说中文，中国人就会说 :“哇，你中文说得这么好啊！”他说，在美国，从来没有一个人对会说英文的中国人说“你的英文说得这么好”，这是为什么？外国人学中文容易还是我们学英文容易?

侯敏华 / 我们学英文更容易一些，出现你提到的这种现象的原因是外国人没有我们这么宽容，我们比较容易表扬别人。

崔永元 / 假如在国外，我们说的英语外国人听不太懂，他们也会原谅我们吗？

侯敏华 / 我跟您讲一个故事。2008 年，北京开完奥运会后，美国人突然发现中国已经发展得这么好了。他们就想知道，学校到底里发生了什么，才让中国变得这么强盛。于是美国人就邀请中学的老师去给他们讲一讲在中学发生的故事。我去了，用英文跟他们交流，给他们讲课。他们说 Terrible（太可怕了）。他们听我英语说得很准确，他们说糟糕极了。我给你出一道题，他们为什么会这么说？

崔永元 / 可能因为您用的都是书面语言。

侯敏华 / 因为我说我们学英语，是为了要向他们学习，我们想知道他们的国家发生了什么，所以他们很不开心。这是他们的本能反应。

崔永元 / 现在外面的世界很精彩，您每天学英语、教英语，会有一些遗憾吗？

侯敏华 / 您是说我不能出去走走、看看吗？

崔永元 / 对。

侯敏华 / 每个职业都有这样那样的限制，也会有一些遗憾，但是对我来说，能跟孩子在一起就足够了。我们不能太贪心，如果要的东西太多，你就会不幸福，所以我不去想那些东西。

崔永元 / 那您有没有为自己的梦想努力过呢？

侯敏华 / 我也努力过，我曾两次想换工作，都投了简历，然后我的丈夫就会毫不留情地阻止我。

张　浩 / 我之所以不同意她做翻译，一方面是因为她身体不好，不适合做翻译，在我们就业的时候做翻译是非常非常辛苦的。另一方面，我觉得从家庭背景来讲，她更适合做老师。所以我也就一直在阻挠她其他的一些想法，尤其是当翻译的这件事。我“毁”了一个翻译，但是我给十一学校留了一位好老师。

崔永元 ／ 我们有请潘国双老师的爱人田海霞女士。潘老师，您为什么好像和她初次相见呢？

潘国双 ／ 我特别震惊。

崔永元 ／ 您不知道她会来，是吗？

潘国双 ／ 对。

崔永元 ／ 田老师，您不在北京吗？

田海霞 ／ 在啊。

潘国双 ／ 因为我们平时不谈工作，我不会和她谈我工作上的事情。

崔永元 ／ 我刚才听潘老师说，他在十一学校编了四十多本教材。

潘国双 ／ 不是，二十多本。

崔永元 ／ 编完了吗？

潘国双 ／ 没有呢。

崔永元 ／ 要到什么时候能编完？

潘国双 ／ 我已经完成了二十多本，一共有三十本左右，还要一年多时间。

崔永元 ／ 我们刚才看的短片里说，保安晚上巡查学校的时候经常看到学校里就剩你一个人。你是经常住在学校吗？

潘国双 ／ 是，我有时候会忘了时间，我觉得在哪儿不都是睡觉嘛。

崔永元 ／ 田老师，你们是不是见面的机会不太多？

田海霞 ／ 是。

崔永元 ／ 孩子有多大了？

田海霞 ／ 两岁半。

崔永元 ／ 两岁半是孩子最可爱的时候，这个时候父母要不陪着他，会悔恨终生。您就是编八十本教材，也弥补不了这份父爱。您没有想过要多陪陪他吗？

潘国双 ／ 我这个人是这样，一旦我开始做一件事，我就有惯性，不愿意停下来。其实我有时候也会累得不行，也会发牢骚，我也有过不想干的念头，支撑我继续做下去的不是学校，而是学生。我觉得如果我半途而废的话，那我现在的这些学生就真的成了小白鼠了。他们现在已经跟我学了 4 年多，不能回去学原来的教材了，因为我是完全按照我的体系走的。所以，我虽然觉得我的孩子也重要，但是我觉得可能责任更重要。我是一个很重感情的人，但是我不太愿意流露出来。我觉得我要这么优柔寡断的话，就更浪费时间了，还不如不想，投入地去干活，然后争取尽早结束，这样至少还能够弥补一些。如果我来来回回地犹豫，最后可能什么都得不到。

崔永元 / 我觉得做您的学生收获特别大，真的，第一个收获是让他们对数学有了浓厚的兴趣，第二个收获是知道将来找丈夫不能找数学老师。孩子现在在什么地方？

田海霞 / 在我山西老家呢。

崔永元 / 爸爸多长时间没跟孩子见面了？

潘国双 / 暑假送回去了，9 月初回来了，然后国庆又送回去了。

崔永元 / 两岁半的小孩儿一天一个样，真的。当爸爸的机会不多，当老师的机会有的是。

潘国双 / 但是我觉得他是自己人，我们可以商量一下，有一些委屈可以陪着我一块儿受。学生在我这里只有 3 年或者 6 年时间，我和孩子有一辈子的时间。

崔永元 / 老师就是这么一个职业，它由不得你瞻前顾后。老师们将所有心思都放在教学上，都放在学校的教育上，都放在学生身上。老师们花这么大的力气，真是让人特别感动。但只有在这样的演讲中，或者是在电视节目里会说教师是这个社会上最受尊敬的人，在实际生活中我们可以看到，最受尊敬的是娱乐明星，是大款，是那些政治家。通过今天的分享，除了三位老师表达的想法，在座的各位也能对这个岗位有一些新的体会，那就是教育是对国家的明天负责。潘老师好像今天不想参加我们这个活动，是吗？

潘国双 / 我不太喜欢这种大场面，我比较喜欢独处。

崔永元 / 您今天还有什么重要的事吗？

潘国双 / 我今天上午要进行职称答辩。我来十一学校之前有很多选择，我最后为什么选择十一学校？其实有一个很重要的原因，那就是尹老师。她是我们学校人力资源部的一位老师，她给我留下了非常深刻的印象。我到很多单位面试的时候，问工资多少，常常被他们训。而我问尹老师这方面事情的时候，她非常耐心地回答我，而且把我想要问而没问出来的其他问题也回答了。

我那时候对十一学校没有太多的了解，她就代表着十一学校。所以现在回想起来，我是因为对她的第一印象特别好而选择了十一学校。来十一学校后的第三年，我可以评职称了。但是每次评职称我都很忙，她每次给我打电话说我可以评职称了，我都说“算了吧，我不要”。她今年也问了我，我说不要，但没想到，她竟然帮我填表了。所以说得直白一点儿，我这次评职称是冲着她去的，我要不去评这个职称，她的努力就白费了。

我觉得也可能是老天在考验我吧，昨天半夜的时候，我的电脑崩溃了。我当时其实很淡定，我说老天不让我评这个职称，我就准备睡觉了。早上起来后，我们学校的人力老师，包括我们学校的田校长给我打了好几次电话，让我一定得去。我上午打车去了区里，什么都没有准备就去答辩了。我内心很坦荡，我觉得破罐子破摔吧，反正就是最差的那一个。现在我也不知道结果怎么样，我也不关心这个结果。我为什么对评职称这件事这么淡定呢？因为我觉得那只是一张纸，我不需要它来证明我。如果哪一天我特别想要评职称了，那我很悲哀，因为我需要那张纸来证明我的能力，那个时候我就完蛋了。

崔永元 / 谢谢潘国双老师。史建筑老师，您是教语文的，刚才数学老师说了很长时间，只讲了一件很简单的事，您能用一两句话告诉大家他说的是什么吗？

史建筑 / 无欲则无求。

崔永元 / 其实，刚才潘老师说了半天，我觉得就一个意思：当好一个老师教好学生是重要的，职称什么的都无所谓。

我们不占用大家太多的时间，我们这个活动今天就到此结束了。在结束之前，我们合起来写一首诗好不好？从张珊开始。

张　珊 / 今天众嘉宾都很开怀。

刘　伟 / 小崔有点儿小坏。

潘国双 / 我刚才一直在发蒙。

史建筑 / 原来数学不止可以用来买菜。

侯敏华 / 买菜的时候说句英语也不赖。

崔永元 / 我们今天用这样的方式来展示最真实的十一学校老师的样貌，他们有的很尖锐，有的很温和，有的很纯粹。这样一群完全不一样的老师，才能教出更加不一样的学生。

IV

未来的学校什么样？

时间
2016年12月24日
地点
北京 · 国家会展中心

主持人
崔永元：中国传媒大学教授
对话嘉宾
李　亮：北京十一学校历史教师
邢凤玉：北京十一学校生物教师

李　亮

／

一个老兵的突围日志

／

崔永元 / 今天来分享的老师可能不是特级教师，可能不是教育系统按照程序评选出来的大家，但他们是十一学校土生土长、十分优秀的老师。十一学校用这种方式奖励这些老师，让他们在这种公开的场合，把自己苦心摸索的教学经验跟大家分享。这个活动已经举办了 4 次了，共有 11 位老师与我们分享他们的教学经验。

这些老师用他们自己活生生的经历给大家上课，告诉你怎么爱孩子，怎么跟孩子接触，怎么赢得孩子的爱。我们现在有请第一位分享的老师李亮老师。先来看一个关于他的短片。

/ 播放短片《别样的情怀——李亮老师的教育之路》/

(2016 年 3 月 9 日，因发现某个学生玩手机，作为教育顾问的李亮老师主动找他谈话。)

李　亮 / 你对什么感兴趣?

学　生 / 不知道。

李　亮 / 不知道？我为什么问你对什么感兴趣呢，因为这是涉及你长大以后干什么的问题。在这几天大概确定一下自己将来最喜欢做什么，想成为一个什么样的人。这个作业不难吧?

学　生 / 不难。

李　亮 / 还有，你要抓紧时间学习，别老拿着手机玩儿。我看你刚才一直在看手机，看啥呢？

学　生 / 随便看。

李　亮 / 做事得有目的，没有目的时间不就都荒废了吗？我不反对你看手机，但看手机得为自己的成长服务啊！咱不能那么浪费时间，对吗？

学　生 / 是。

李　亮 / 过几天我再和你聊聊。

学　生 / 行。

李　亮 / 有时间经常找我，有什么困难你也找我，我特别喜欢你。

学　生 / 好。

李　亮 / 教育顾问是十一学校的一个新现象，实际上就是在一个年级里主管学生德育、纪律、规则、公民素养意识的工作岗位。它并不是专职的，是由几位有教育经验的教师兼职的。我从 2012 年起开始做教育顾问，在这个过程中我意识到，教育学生怎样做人有点儿费劲。因为我们学校的学生认识水平比较高，有时候我一个问题还没有说完，学生就说，“老师我知道了，我错了”，但第二天又犯。

学生老迟到，该怎么办？我们说要处分他，学生说：“处分就处分吧，我不怕。”我说：“这么弄你学不好啊，学不好你就考不上好大学。”学生会说：“不用你操心，我爸给我安排工作了。”

李　亮 / 面对这样一些现象，我能做的就是琢磨我的课，反思并不断提升自己。我反思自己的教育教学，感觉比原来有所进步。我刚教书的时候只有二十三四岁，那个时候就是为高考而教，就是把教材上的东西搬到学生的大脑。我自认为已经理解了历史教学的意义，自认为已经做得很好了。当学生高考的成绩出来后，领导对我说：“你教得不错”，我听了之后像喝了蜜一样，很满足。后来我就有点儿变化了，我认识到在教书育人的过程中，教学生做人更重要。历史教学实际上是一种方法论的教育，是一种哲学，我们必须追求历史经验里有规律性的东西，最主要的应该是教人求真。作为一名历史老师，我不光要教学生反思历史，还要经常反思自己的历史教学。我越来越清楚地认识到，历史教学的本质是对人的教育，而不是传播知识。它的核心任务在于利用历史素材来培养人，而不是培养历史学家或者历史词典。

有一个女同学考试时用手机查资料，这是很明显的作弊行为，她也承认了错误。孩子认错了，这就是我们最大的收获，也是孩子的进步。我们就秘密通报批评，只有几位老师知道。我当时考虑的就是实现这样一个目标：孩子有发展，认识到了错误，另外知道纪律是不可碰触的，就可以了。每位教师都需要有这种情怀，就是通过日常生活当中的发现，让每个孩子获得不同的感受，促进他们不断成长。

（一周后，李亮老师再次约谈上次玩儿手机的学生。）

李亮 / 上回跟你聊的那件事你想了吗？

学生 / 想了。

李亮 / 跟我说说。

学生 / 当老师就行了。

李亮 / 喜欢当老师是吧？

这个男生经常因为玩儿手机、玩儿游戏被老师们关注，我主要还是在他的未来人生发展目标和学业困境上，帮他出出主意。他最近改变挺大的，不再随随便便地使用手机了，我也没有看见他玩儿游戏了。

我觉得他现在心理上更强大一点儿了，也有点儿自信了。

作为一名教师，我这几年体会到我们的育人方向或者说是育人目标应该是这样的：我们的学生是通情达理的，尊重别人也尊重自己，尊重规则也会运用规则，孝敬父母，能够很好地处理人际关系，懂道理，会做人。

崔永元 / 刚才看这个短片的时候，现场的气氛特别感人。可能如果我不是老师的话，就体会不到为什么会有这样一种感觉。教师这个职业，出不了什么大名，挣不了什么大钱，在这个社会上可能不是一个最让人羡慕的职业。但是每位老师都知道，当我们陪着一拨又一拨的孩子一起长大，当我们看到每一朵鲜花盛开的时候，那种心里的自豪是多少钱、多大的功名都换不来的。下面我们用热烈的掌声欢迎李亮老师和我们一起分享他的心得！

主旨演讲：一个老兵的突围日志

李　亮 / 谢谢崔老师。大家好！我是李亮，学生管我叫“亮哥”。片子里面介绍了我的一些情况，我感觉自己还是比较优秀的，我曾经被评为“十一学校十佳班主任”“海淀区优秀教师”等。学生之所以叫我“亮哥”，一是因为我脑门比较亮，二是因为我当班主任有威望，做事敞亮。让我最自信的事情就是我能带好一个班，大家齐心协力，攻无不克，战无不胜，这种感觉非常爽。

2012 年 9 月，我从高三下来后参加了新高一的教学，开始融入学校的教育改革洪流。从那个时候起，我就感觉自己不是那么优秀了，我在很多地方“亮”不起来了，我产生了很多苦恼和困惑。我经常把它们用日志的形式记录下来，今天我在这里跟大家分享一下我的日志，叫作“一个老兵的突围日志”。

我在新高一担任教育顾问，教育顾问的职责主要是转化那些老师们难以转化的学生。我要讲的第一个故事名字叫“漫长的道歉”。

/ 漫长的道歉 /

2012 年 9 月 25 日傍晚，我的同事赵老师找到我，她对我说：“李老师，没法干了，您教育一下晓峰吧。”我了解了一下情况，原来，下午的时候赵老师在 503 教室检查自习情况，当时教室里非常混乱，赵老师喊了半天也没有效果，她就把教室里的投影仪镜头对准了同学们，把教室里的景象投射在了大屏幕上。这个时候学生们看到了自己的形象，大部分人就安静下来了。赵老师说：“看看你们的形象吧，再不安静下来，就给你们另开辟一间自习教室。”这时候，晓峰站起来对赵老师咆哮：“你侵犯了我的学习权，你违背了宪法、违犯了法律，你侵犯了我的肖像权，你要向我道歉，我不再听你的课了。”最后的结果是，晓峰扬长而去，赵老师站在那里哭泣。我说：“赵老师，他这是不尊重老师的表现，我一定要让他向您道歉。”

第二天中午我约到了晓峰。我对他说：“好好地跟我聊一聊你和赵老师是怎么回事。”他说：“没什么好聊的。”我说：“我听说你讲到法律保护你们学习的权利，看来你很讲法，我喜欢和讲法律的人在一起交流，这样的人讲道理。”听了我的话，这孩子就像遇见了亲人一样。他说：“李老师，我们学生都是弱势群体，我们只能拿起法律的武器维护自己做人的尊严。她凭什么不经过我允许就把投影仪对准我呢？她凭什么要给我换教室呢？我就喜欢在 503 教室。宪法和教育法都保护我们学习的权利，她侵犯了我的人权，必须向我道歉。”他是越说越激动。

我说：“你把具体的情况跟我讲一讲。”他讲完具体的情况后，情绪就平复下来了。接下来我开始跟他讲道理，我说：“我也懂一些法律，我们的老师有权利在管理自习的时候，对一些违纪的同学进行惩戒。尤其是我们给那些管不住自己的同学换一个教室，由专门的老师来看着他，恰恰是对全体同学受宪法所保护的学习权利的一种尊重，一种落实。你不能说大街上所有的摄像头都是侵犯了公民的肖像权吧？我们的教室也是公共场所，老师在教室里给同学录个像，不能说是侵犯肖像权。”我说的时候，晓峰静静地听着，眯着眼睛，脸上没什么表情。

我接着说 ：“你顶撞我们依法执行公务的老师合适吗？”这个时候晓峰就站起来了，说 ：“我不是顶撞，我是正常抗议，她凭什么一进门就瞪着眼、掐着腰对我们大喊？”我说 ：“你坐下，教室里那么乱，老师不大声喊你们听得见吗？你一个人对老师说话用得着那么大声喊吗？那是对老师的尊重吗？那是正常抗议吗？”我当时做了一个实验，我大声喊 ：“晓峰，你为什么不尊重赵老师？”然后我问他 ：“你感觉舒服吗？你感觉这是对你的尊重还是对你的蔑视？”这个时候晓峰低下了头。在晓峰面有愧色的时候，我就跟他说 ：“如果你认识到了自己的错误，我请你赶快去向赵老师道歉。”这个时候他一下子站起来，说 ：“不，她应该先向我道歉，因为她没有照顾到我的尊严。李老师，你其实不懂法律，你好好地学学法律吧，我相信我会等到赵老师的道歉的，我走了。”敢情我这一中午两个小时没有取得任何效果。我遇到了挑战。

我赶紧在下午恶补了一些法律知识。我学习了《中华人民共和国教育法》和《中华人民共和国民法通则》，重点研究了有关肖像权的内容。下午放学之前，我又找到了晓峰，说 ：“聊一聊吧，我学习了相关法律，我感觉我们老师还是没有违法。《中华人民共和国教育法》的第 29 条是这么规定的 ：学校及其他教育机构可以对受教育者进行学籍管理，实施奖励或者处分。所以老师有权力为违纪的同学重新开辟一间教室，这并不违法。《中华人民共和国民法通则》关于肖像权是这么规定的 ：公民享有肖像权，未经本人同意，不得以营利为目的使用公民的肖像。老师在教室里面用录像教育学生，并没有营利啊，所以老师也没有违法。而你非要说我们老师违法了，这说明你的内心不够强大，你对我们的教育有情绪。”晓峰依然是冷眼旁观，静静地听着。最后，他对我说：“其实，我很喜欢赵老师，也很喜欢我们学校，我对你们的教育没有什么情绪啊。我的内心也很强大，中午你对我大吼的时候我都没有说什么。我就感觉你们对我们不公平，是欺负人。这道题的正确答案还是让赵老师向我道歉。”

我用了一天时间都没解决这个问题，我有一点儿郁闷了。但是无论如何我也得给赵老师一个答复，于是我来到赵老师的教室，我说：“现在晓峰还没有转变，他拒绝向您道歉，同时他还要求您先向他道歉。”赵老师说：“绝不可能，我就是让他们看看自己违纪时的形象，这算违法吗？教室里那么吵我不大声地喊，学生能听我的话吗？”我说：“赵老师，您也别急，10 月 1 日之前我一定让他先向您道歉。”我之所以说在 10 月 1 日之前让晓峰向赵老师道歉，是因为我们还有一套会诊机制。教育顾问、咨询师还有我们学部的王春易主任在一起研究了半天，仍无法对晓峰的问题拿出一个合适的方案。王春易老师指出，没有必要必须在 10 月 1 日之前解决这个问题，师生双方在认识上还有很大的差距。大家都先静一静，沉淀沉淀，反思反思，转变思想不能着急。

之后的一个月里我多次跟晓峰聊，我的大意是：老师们是爱你们的，你应该向老师道歉。晓峰的意思是：他理解老师的爱，但是他不能接受这种方式，老师应该先向他道歉。这一个来月我是真够郁闷的，我经常在梦中梦见晓峰。过了一段时间，我开始叩问自己：我们的行为是不是真的有问题？

我寻求法律顾问的帮助，律师们是这么讲的：学校有权力根据实际情况安排学生的学习空间，但是无论怎样管理都要尊重学生的人格，尽量争得学生的同意。在司法实践中，一般情况下，未经肖像权人同意使用其肖像，都可视为侵害他的肖像权。执行法律的目的是保护人的权利，粗暴执法、野蛮执法是违背法律精神的，即使不违法，也是一种过错。校规也是一样的。教师不顾及学生的人格尊严，强迫学生执行规定，即使是正确的，也是缺乏人文精神的，故而存在一定的过错。如果造成严重后果，需要依法负责。

我一下子就豁然开朗了，赶紧去找晓峰，我说："晓峰，你是对的，老师错了，谢谢你。我们以前确实是伤害了你的尊严，我代表赵老师诚恳地向你道歉。""你道歉不好使，你不能代表别人。"怎么办呢？我很是苦恼。有一天，我在走廊里遇到李希贵校长，我赶紧向李校长求援。我说："校长啊，我给你讲一个故事，请您给支支招。"

李校长听完我的故事笑了，他说："解决这个问题要抓住本质，那就是师生平等，要真实的，不要形式上的。我送给你三句话：'第一，谁有错误谁道歉。第二，谁先犯错误，谁先道歉。第三，道歉的形式可以自由选择，你不要给人家规定时间、地点。'"我当时真的没有深刻地理解李校长的建议，我还是认为，这不还是让赵老师先给晓峰道歉吗？

我又来到赵老师的教室，这一回赵老师很高兴，她跟我说："李老师，晓峰最近各个方面都有变化啊，他上我的课也能认真听了，但是他就是不说话、不问问题。他让别的同学替他问问题，你看他绕这么大的圈子，是何苦呢？"我说："赵老师，我咨询权威的律师了，我们的行为确实存在着一定的问题。"我把具体的过程跟赵老师描述了一下，赵老师也表示赞同。但是她很快警觉起来，她说："李老师，您还想让我跟他道歉。我想起来他当时对我吼，我就想哭。"我说："赵老师，道不道歉由您决定，而且道歉的形式可以是灵活多样的，只要表达了对孩子的歉意就行。"赵老师说："谢谢你了李老师。其实这些日子我也反思了好多，您放心，我不会给您添麻烦了。"但是我觉得这个问题还是没有解决。

2012 年的最后一天是我们十一学校的狂欢节，我给自己布置了一个任务，那就是一定要代表赵老师向晓峰道歉，而且一定要让他接受，我不想把这个大石头再背到新年去了。于是，我在大操场上找到了晓峰，我说："晓峰，我代表赵老师向你道歉。"晓峰一下子就搂住了我，他说："李老师，您不用道歉，赵老师前些日子就给我补课，补了好几课呢，我也问了好多好多我不会的问题，我们早就互相原谅了。”我当时就把晓峰搂住了，我的眼泪都快流出来了，我感觉有一种突出重围、获得新生的感觉。

经历了这件事，我感觉我们每个人都有收获。我们团队的收获是：尊重学生首先要尊重他的人格，教学和管理一定要尽量得到学生的认同，为学生服务一定要尽可能满足学生的需要，要师生共同制订发展目标。我个人的收获是：不要企图转变学生，因为学生很可能是正确的；不要急于求成，因为心灵的转变需要时间；要谦虚，向学生学习，因为学生在很多方面比老师强。

/ 处分8次也不冤的人 /

如果说晓峰的个性比较强，那么下边这个故事里的主人公，他的个性更强。这个故事叫“处分 8 次也不冤的人”。

2012 年 9 月新学期开学不久，老师们对我说：“李老师，大志已经迟到 8 次了，该处分了。”我问：“什么情况？”老师们说：“他分明迟到了却硬说自己没迟到。”我找到大志，小伙子白白胖胖的，一笑俩酒窝。我说：“大志，今天是教师节，你对老师要坦诚，不能撒谎。今天早晨为什么迟到？”大志说：“我没有迟到啊，今天早晨到学校后就给化学老师送花去了。”我说：“你不要撒谎，错了就是错了，迟到就是迟到。你 8 点 10 分的时候都没有进教室，那还不是迟到吗？”他说：“我 7 点 30 就进学校大门了。”我说：“你作为一个学生，不知道迟到不迟到是以是否到教室为标准吗？”他说：“知道啊。那是我们初中学校的规定啊，咱这儿不是十一学校嘛。咱这儿没改革吗？”我当时就急了，感觉这孩子是揣着明白装糊涂。待我冷静下来一看又觉得不像。我对他说：“8 点以后再进教室就算迟到，知道了吗？”他说：“知道了老师，教师节快乐！”他在以后的日子里确实很少迟到，他一直在改。

我觉得这个孩子心地善良、积极阳光，只是有一点儿自以为是，所以我没有把他当作一个麻烦的制造者。4 月份，老师们又有新消息了，他们对我说 ：“大志突然疯狂地旷课，李老师你赶紧介入吧。”我调查后发现，他在几天之内旷课十节，这一回可以处分了，他严重地触碰了底线。但是老师们坐在一起分析情况后发现，情况很复杂。原来，此时我们化学竞赛班的选拔考试已经结束了，大志没有被选进化学竞赛班，可是他又执意要参加化学竞赛，于是他就旷课去参加化学竞赛班。

老师们知道了这些情况后就赶紧劝他，大家都认为以他的学习能力和知识水平不适合学习竞赛知识。但是怎么劝大志也不听。没办法我又找来家长，他的妈妈也是一脸无奈。大志对他妈妈说 ：“我要做诺贝尔，我要给你创造一个奇迹。”这句话给我一个启发，我们怎么知道这个孩子不会创造一个奇迹呢？我问大志 ：“你好好想一想，你到底喜欢化学什么？你是想终生为化学奋斗，还是把它作为一个升学的阶梯？”大志很认真地对我说 ：“我一定会为化学奋斗终生，我要成为一个化学家，我要给你创造一个奇迹。”后来我们学部决定，给这个没有被化学竞赛班选拔上去但又对化学有浓厚兴趣的大志一定的自主权，他可以在一些时段里自主学习。这之后，在图书馆、实验室、教学楼、实验楼等地方都能见到他自主学习的身影。他有时候会好好学，有时候也会出问题，所以我们的教育顾问就一直追踪着他，经常关注他，有时候还帮助他解决一些问题。这是大志上高一时发生的事。

2013 年 9 月 30 号下午 4 点，保卫处给我打电话，说大志在他们那里，让我过去处理一下。原来大志在中关村买耳机，试戴后没有归还，把耳机带了回来。老板发现耳机丢失就报警了，警察正在来的路上。我对大志说 ：“大志，你拿没拿耳机？”他说 ：“拿了，我还以为是我原来的耳机呢。”我说 ：“你这是盗窃，你是不是没有给钱呢？”“我不是盗窃，我从来没想偷人家的东西。我回来后才发现这不是我的耳机，发现以后我就给老板发短信了。”他给老板发的短信是这么说的 ：“亲，不小心拿错耳机，放假之前一定归还。”老板回复 ：“报警了，对不起，没用了。你跟警察说去吧，我这耳机值 5000 多元。”这大志还给人家回复：“别开玩笑哦。”我看到这里都快气疯了。在等警察的这段时间，我反复地教育他，未经他人允许拿走他人财物就是盗窃行为。警察来后，我给警察写的书面材料中保证大志不是故意拿走他人财物的，警察让我好好教育这个孩子。

高二下学期，化学竞赛班有一个杭州集训活动。大志不是化学竞赛班的学生，但他非要跟着去。但是化学竞赛的集训和我们学校的期中考试是在一个时间，怎么解决大志的期中考试问题呢？ 4 月 3 号我们进行了紧急的磋商，决定特事特办，让大志带着各科期中考试卷赶赴杭州，在化学竞赛教练的监督下独立完成期中考试。杭州集训后，大志学习化学竞赛的热情更高了，老师们也替他高兴。老师们有的时候也劝他好好学一学基础课，他有时候听，有时候不听。这是大志上高二时发生的事。

2014 年 10 月份，全国化学竞赛预赛选拔结果出来了，没有大志。老师们为这个孩子感到遗憾，也为他犯愁。但是大志仍然信心满满，他说：“没事，我参加高考也能成为一位化学家。”接着，他又创造了一个“奇迹”。一个女同学放在高中楼三楼中厅的一部电脑丢失了，我们通过录像发现大志拿着人家的电脑大摇大摆地走在走廊里，我替他捏了一把汗。我问他是怎么回事，他说：“借用啊，就是忘还了。”我说：“你这叫‘借用’啊？你都没有告知啊。”大志说：“我留字条了。”我说：“就是没看见任何证据我们才报的案啊。”大志说：“啊，那字条被风吹走了。”我知道他不会盗窃，又苦口婆心地教育了他一番。

高三的时间是非常紧张的，在“一模”之前大志又出了一点儿问题。老师们和我说大志又开始旷课了，我问他是怎么回事，大志说：“我给在化学竞赛中失利的同学辅导辅导高考化学。我鼓励他们不要气馁，我有这个资格啊！”我说：“你老给人家辅导，你自己的功课学不学了？”他说：“没事，老师，您不是说给别人讲题，自己也能提高吗？”我说：“你擅自离开教室也不通知老师，你这是严重的违纪行为。”大志说：“不是擅自，我留纸条了，可能纸条被风吹走了。”

这就是大志。在教育大志的问题上，我一直都觉得很困难，感觉没有突破。但是最终他出乎我的意料，考上了一所不错的大学，而且是学习法律。他在大学期间给我们李希贵校长还有另一位教育顾问写过信，感谢学校对他的宽容。我不知道这个孩子是不是一个奇迹，但是从这个处分 8 次也不冤的人身上，我还是有所收获的。第一点，是告知规则要做到个别化，因为每个孩子的理解能力是不一样的。第二点，是要慎重对待个性强的学生。无论是正向的个性还是负向的个性，教师都要谨慎地对待，因为奇迹也许就藏在这里。第三点，是要做善性的归因，因为这是沟通、理解、教育的开端。第四点，期待是一种良心。孩子们的转变，心灵的觉醒，不仅需要时间，还需要信任。我一直期待大志能够创造奇迹，我可能会用一生去期待。

/ 不育人勿教书 /

从事教育顾问工作让我深入地了解了教育的本质，我自觉地将这些感受和经验运用到课堂教学中。有的学生不爱学习，有的学生不会学习，但是表现都差不多，例如学习习惯不好，是非不分，意志力不够顽强，不会制订目标，思维力不够深刻等。我感觉产生这些现象的根源一般是学生的综合能力不够全面，人格不够独立。所以为了帮助学生解决生命成长过程中的疑难问题，我利用历史课堂帮助学生厘清以下关系：理想与现实的关系；奋斗与享乐的关系；与契约、规则、道德、法律相关的问题，比如，我们为什么要制定规则，我们为什么必须遵守这些规则；个人、集体、国家、民族的关系；与意志、品格、性格、情绪相关的问题。我一般都是用英雄人物、重大历史问题作为素材来展开探讨。慢慢地，我的学生变得更独立，更有主见，更敢于论证和辩论。学生们经常在课堂上提出一些敏感的现实问题，我们绝不回避这些问题，而是通过说理、论证让学生思路豁然开朗，认识水平得到一定的提高。

终于，我在历史课堂上感到了一种人心齐、泰山移的氛围，那种“攻无不克，战无不胜”的感觉又回到了我的心中。

2015 年高考，我的学生姚迁迁、李逸伦双双获得了海淀区文科第一名，24 人的教学班有 12 位同学考入北大、清华，我的得意门生周子琪同学考入北京大学历史系。

作为在一线奋斗的老兵，我一直都在探索、突破。这些年我有这样一些感想。首先是在师生关系的定位上，我认为我们要仰视学生。以前我们经常画一个模型，让学生照着模型成长，美其名曰是“为学生的利益负责”，其实我们未必真正懂得学生需要什么，我们更多的是为自己的利益负责。之所以会产生这种情况，是因为我们总认为自己是正确的，我们可能比学生高明很多。这是一种俯视的视角，必然会压制学生的个性，造成专制和包办。我感觉我们必须把学生放到上位，把我们摆到下位来仰视学生。仰视学生就是仰视学生的成长力，仰视未来大写的人。

其次是与学生共同进步。时代不断地向前发展，教师的经验具有相对的稳定性，就容易滞后。学生改变着课堂，课堂变了，老师也必须变，这才是正道。我感觉老师素养的源泉其实更多的是来自于学生。

最后是“不育人勿教书”。教书的前提是学生能学会，教书的目的是学生学会了能去用。这里边的两个“能”，是教书的起点和归宿。让学生“能”，就是要提高学生的综合素养，就是要提高他的独立精神，就是育人。所以要教书，你得先育人，不育人就无法教书。现代学习是全时空、高科技的，是多向选择的。这就要求我们的课堂必须为学生综合素养的提升服务。

每一堂课上都有那么多鲜活的生命，如果课堂上没有价值的认同，没有情感的共鸣，没有人性的平等，教师只顾着往学生脑袋里灌输知识，这样的课堂必然会消失。

我的突围还在继续，我想用我写的一首诗和大家共勉：“群英不怕远征难，教育变革只等闲。学生自立能成长，老兵突围越关山。”

谢谢各位的聆听！

/ 学生献花 /

崔永元 / 谢谢李亮老师。我刚才听到一半的时候我就有一点儿不耐烦了，我感觉一个老师在这儿讲跟学生斗智斗勇特琐碎。我上学时老师遇到这种情况会把学生打一顿。我记得我们老师请我家长的时候，我可怜兮兮地说："我爸来行吗？"老师说："不行，因为你爸从来不打你。"他摸得特别清楚，一定要让我妈去。我妈的方式特别简单，就是跟老师谈之前先把我打一顿。

李　亮 / 够厉害。

崔永元 / 谈完后，根据结果有时候再补一顿或两顿。我给您出一个主意，您跟那个孩子沟通那么长时间才最终解决问题，您不如先打一顿，然后再去解决问题，效率更高。

李　亮 / 不瞒您说，我一开始也有这样的想法。

崔永元 / 是怎么把这个想法打消的？

李　亮 / 我喜欢这个孩子，不忍心打。

崔永元 / 发自内心的爱。

李　亮 / 是的。我当时就怕这孩子出问题，我得帮他把这个问题解决了。

崔永元 / 好，现在我们请您的徒弟给您献花。

李　亮 / 好的。

崔永元 / 介绍一下自己。

赵　通 / 我是李老师的徒弟赵通，我刚刚入职两年，谢谢大家！

崔永元 / 你入职这两年来，李老师教了你什么？请你简要地和大家说说。

赵　通 / 李老师教给我最重要的一点就是，生之所需，师之所向。就是学生需要什么，我们老师就要朝那个方向行动。

崔永元 / 能做到吗？

赵　通 / 在李老师的影响下，绝对没问题。

崔永元 / 我希望过几年我再主持这个论坛的时候，能看到你的分享和体会，好吗？谢谢你们师徒二人。

邢凤玉

/

在选择中成长

/

崔永元 / 马上要上场的是邢凤玉老师，我们先来看一下关于她的短片。

/ 播放短片《带你领悟生物之美》 /

邢凤玉 / 我参加高考的时候只填报了生物专业，而且是不服从分配的。我每次看到周围的花花草草就觉得生活特别美好。

刚毕业的时候，我认为教师的职责就是把学生教好，教他学会课本上的知识。如果我认为哪部分知识学生应该学会，我就把这部分知识给他剥开了、揉碎了，讲给他们。我会给学生们讲很多，但是经常在课堂上看见学生对我讲的内容不感兴趣。以前中考科目中没有生物，学生就把中考科目的作业带到生物课堂上去做，他们觉得生物是不重要的。

我很郁闷，我都准备那么充分了，我给你们讲得那么清晰，你们为什么不听呢？后来我一直在思考到底是什么原因，问题出在哪儿。我就组织学生做了一次调查。很多学生反映，生物课没有意思。我心里边很苦恼，感觉遇到了瓶颈。我回想起自己上大学时，让我印象最深刻的是人体解剖。一天下午，我们要看人体的内部结构，跑到那个特别大的福尔马林池子里捞尸体。那次我真的体会到了什么叫死沉死沉的。最后看到人体结构的时候，我印象特别深刻。我就在想，学生学习的时候，我怎么做才能让他有这么强的震撼。慢慢地，我意识到，生物是一门实验学科。因此，我们开发了很多实验，学生能够做实验的，就不用去看那些录像了。

生活即教育，我拿生活里这些真实的东西给他看，这才是真正的学习。

学生特别高兴，经常会问：“老师，咱们这一节课玩儿什么呀？”学生把学习当作很好玩儿的一件事，这让我感到十分欣慰。只有学生自己想去学习，他才会觉得这个学习是有趣的。

当我让学生去动手实验的时候，学生才会生成很多问题，我才能更有针对性地教。学生出错的时候我的教育机会也来了，此时我才能发现原来他是这么想的，才能有针对性地去解决问题。可以说我现在对学生的研究更加深入了，课堂教学方式有所转变，这种变化我觉得还是基于对学生的研究。

有些学生的生物学素养挺高的，当遇到这样的学生时我们就可以为他设计更具挑战性的问题。学生完成了老师布置给他的任务，会有一种成就感，他的自信一定程度上来自他获得的成就感。如果学生没有取得什么成绩，你一味告诉他你一定要自信，那是空话。

现在我跟学生的关系更像朋友，其实我把学生看成一个一个鲜活的个体时，他所有的优点我都可以看到，缺点我也可以接受，此时我的心态就会比较平和。

崔永元 / 让我们用热烈的掌声欢迎邢凤玉老师。

主旨演讲：在选择中成长

邢凤玉 / 各位老师，下午好！我今天跟各位老师分享交流的题目是“在选择中成长”。

2012 年 7 月 15 号，我和我的团队迎来了学校选课走班这种新的组织形态下的第一批初一学生，我们面临的压力可想而知。我们的学生是怎么看待选课走班这件事的呢？他们特别特别爽，特别特别高兴。他们有很多事要去做，很多在小学里面不熟悉的、不知道的东西，他们都可以去尝试。他们有哪些课程可以选择呢？学生可以选择踢足球，可以参加模拟联合国，可以参加辩论赛，参加他喜欢的社团，还可以学第二外语。那么问题出现了：我们给学生准备了丰富的课程，为他们提供了选择的权利，我们的学生是否有能力做出合理的选择呢？

选课走班让学生每天拥有大量自主支配的时间，学生每天都要独立做出选择，为自己的行为负责。我们知道，学生在小学时基本上是被管控着一路走过来的，进入十一学校开始选课走班的时候，他们会不知如何面对自由。我们要教会学生学会规划。

实行选课走班后，学生要背着书包在各个教学楼、各个教室里活动学习。我们就从帮助学生规划书包开始。我讲一个电子秤的故事。学期开始后，我经常拿着一个电子秤，在楼道里面称学生书包的重量。之前我曾告诉过他们，书包不能超过 7 斤，超过 7 斤就说明规划不合理。有一次，我看见一个学生的书包很大很沉，就拿秤来称，结果发现有十几斤重。打开一看，里面装着《新华字典》。我告诉这个学生，哪些是需要背的，哪些是应该放在橱柜里的。实施选课走班后，学校为每个学生都配备了一个储物柜，方便学生存放东西。有一次，我打开了一个学生的储物柜，发现左边放着一瓶牛奶，右边放着一双足球鞋。这就是我们学生最开始的状态。

在开学后的第一个月，我们组织学生进行了各种各样的训练。学生也在不断地进步，学习如何规划物品。我们不仅教学生规划物品，还要训练学生规划学习任务。每次开学的时候，我们各科老师都会发给学生一张学习任务单，这实际上是这个学期的学习计划。

十一学校有一个特别的学制——小学段。学校把每个学期的 20 个星期分为两个大学段和一个小学段，每个大学段为 9 周，小学段为 2 周。在小学段里，没有老师，没有作业，由学生自主安排时间。在小学段期间，我们会给学生布置一些学习任务，什么时候完成由学生自己安排。

在日常的教学中，我们经常是每周布置一次作业，老师提的要求只是在哪一天上交作业，至于学生什么时候去完成这些作业，是由他自己去想、自己去规划。

跟小学比，我们初中阶段确实多了很多自习课。我们一直在思考，怎样让学生在有限的时间内更高效地学习？所以，我们不仅教他们规划学习任务，还要教他们规划时间。规划时间从一节课的规划开始。我问学生：一节自习课你应该做些什么？学生最开始的回答只有两个字：学习。那学什么？学到什么程度？这些我们都要教给学生。慢慢地，从一节课的规划，逐渐过渡到一天的规划。在规划一天时间的时候，学生要想清楚，早晨干什么、中午干什么、自习课干什么、下午干什么。规划以后，学生还要对落实的效果进行自评。

在开学两个月后，我们做了一个调查。调查结果显示，在学生的眼中，周围的同学之所以能够取得进步的主要原因是学生学会了自主管理。超过 50% 的学生认为，自己正在通过合理规划时间并付诸行动取得进步，但仍有 30% 的学生认为自己上初中后没有太多想法和行动。从这个调查结果我们可以看到，学会规划并不是一蹴而就的，需要有一个过程。

从规划物品到规划学习任务、规划时间，从规划每一节自习课到规划每一天、规划每一个小学段，我们最终目的是要使学生明白，规划是为了给他们真正的自由。

下面这张图是我们初中年级管理模型。从这张图中我们可以看出，它应该包括三个维度，分别是规划、目标和情绪管理。因为不同年级学生的特点不一样，所以重点也是不一样的。初一的管理重点是规划，初二的重点是目标，初三由于学生进入升学阶段，情绪管理应该说是我们更为关注的。

表4-1　初中年级管理模型

初一	初二	初三
目标	情绪管理	规划
规划	目标	情绪管理
情绪管理	规划	目标

在我们的年级里面，我们围绕着工作重点来开展工作，跟教学相关的任课老师负责学生学习方面的规划，导师负责学生规划的落实。

学生从最初的被管理，到逐渐地适应规划，再到自己去应用规划，我觉得这是他逐渐成长的过程。经过一段时间，我们的学生基本上是稳定下来了，我揪着的心也稍微放开了一点儿。这时我就经常在楼道里边观察学生的学习效果。我在楼道里走，走第一圈时，听到老师们慷慨激昂地讲，走到第二圈老师们还在讲，走到第五圈的时候，我的耳边仍然一直有这样慷慨激昂的讲课声。

我课下和老师们交流的时候，老师们跟我说："邢老师，实在是太累了。"为什么？过去 80 个学生 2 个班，只要讲 2 遍；现在 72 个学生 3 个班，同样的内容要讲 3 遍。我们对学生做了问卷调查，结果却显示学生们并不喜欢老师们上的课。教师们这么辛苦，学生却并不买账。这促使我再进一步地思考：我们的课堂，到底是教师的课堂还是学生的课堂？

十一学校有自己的行动纲要。《北京十一学校行动纲要》第一章第三条是这样写的："课堂改变，学校才会改变；课堂高效，教育才会高效；课堂优质，学生才会卓越；课堂创新，学生才会创造；课堂进步，教师才会成长。课堂教学要落实学生的主体地位，通过课程与教育教学改革，实现教学方式与学习方式的转变。"学校为学生提供了丰富多彩的课程，让他们有选择权，但是落实到教室，他们就没有了选择权，只能听老师在那儿讲。这种情况一定要改变，怎么改变呢？我们的老师都太善于讲了，很多老师觉得不让他讲他都不知道怎么当老师了。怎么样让老师们发生改变呢？我们想到了一个方法：让空间发生改变。

我让各教研组去研究，教室里面的空间可以有哪些改变。老师们经过研究后发现，空间改变后，教学方式也会改变。

以英语课为例，教师将教室分为 Follow Me 区、DIY 区、Group Work 区。Follow Me 区的学生学习基础薄弱，需要跟着老师学习。DIY 区的学生成绩一般，并不是特别好，让他自己学习是因为老师们知道，如果将这些学生放在一起，他们会在一起聊天，反而会影响学习。Group Work 区里的学生要合作完成学习任务。我们把课堂分区，是为了满足每个学生的学习需求。

在这样的课堂里，很难再看到统一，每个学生的学习进度不一样，但是教室的每个角落里，学习都在真实地发生。

现在，可以说很多人都会使用微信。我相信很多班级都有微信群，学生在微信群里相互交流，相互学习，拓展了学习空间。学生创造性地生成了同伴学习资源，并将其纳入个别化的自我学习中，模糊了学生作为学习资源消费者和生产者的界限。学习者共同解决问题，达到了学习效益的最大化。因此，学生的个性化学习已经是我们绕不开的问题。我们要研究不同学生是怎么学习的，并帮学生找到与其最匹配的学习路径。

我们曾做过一个关于学生学习风格的调查表。根据信息的加工及管理特点，学生的学习风格可分为活跃型、沉思型、感悟型、直觉型、视觉型、言语型、序列型和综合型。活跃型的学生的特点是学习时特别活跃，特别善于给其他学生讲解。沉思型的学生喜欢自己学习，喜欢自己独立思考。感悟型的学生更喜欢学习一些事实性的知识。直觉性的学生更喜欢寻找事物之间的联系。视觉型的学生在学习的时候更擅长记忆一些他看到的东西。言语型学生比较喜欢阅读文本，也喜欢听他人给他讲一些东西。序列型的学生做事按部就班，每一步都计划得很清楚。综合型的学生在学习过程中会吸取很多知识，之后可能灵光乍现，这东西他就学会了。

通过调查我们发现，初一的学生中活跃型和视觉型的比例非常高，有将近 70%。这个数据对我们的教学起到了很大的指导作用。例如，我们的数学课除了提供常规的读本课程外，还提供一些视觉课程。

学生的学习风格不一样，我们在布置作业的时候也会布置多种多样的作业。例如，教学《边城》这篇小说，过去我们只是简单地带着学生阅读文本。现在我们有各种各样的作业形式来满足不同学生的需要。比如，让学生唱与《边城》有关的歌曲，让学生写一个与《边城》有关的剧本，为电影《边城》配音，让学生画《边城》中的一个场景。

我们不仅研究学生的学习风格，还研究学生到底是怎么学习的，包括同一学科里不同的学生是怎么学习的，同一个学生不同的学科是怎么学习的，以及同一个学生，同一个学科、不同的学段，他是怎么学习的，这些学习路径都是不完全相同的。

我们通过研究发现，在学习路径中存在这样一些维度，包括学习资源、学习方式、学习顺序、学习经历、同伴关系、师生关系、家庭关系以及认知风格，这些都会对学生的学习产生影响。以下面这个学生为例，第一张图是他数学学习的整个流程。从课程链来看，他是很完整的，方式也是多种多样的。可想而知，他的数学学得非常好。第二张图是他英语学习的整个流程。从课程链来看，他的英语学习方式是比较单一的。可以看出，他学习英语的方式主要就是写、背、对答案。通过进一步调查我们发现，这个学生还是一个追求完美的人。很多追求完美的人都很适合学数学。因为数学中一是一，二是二，对就是对，错就是错。那么这样的学生在英语学习里面哪个方面学得更好呢？背单词。通过下图我们可以看出，他是用背单词的方法来学习英语的。

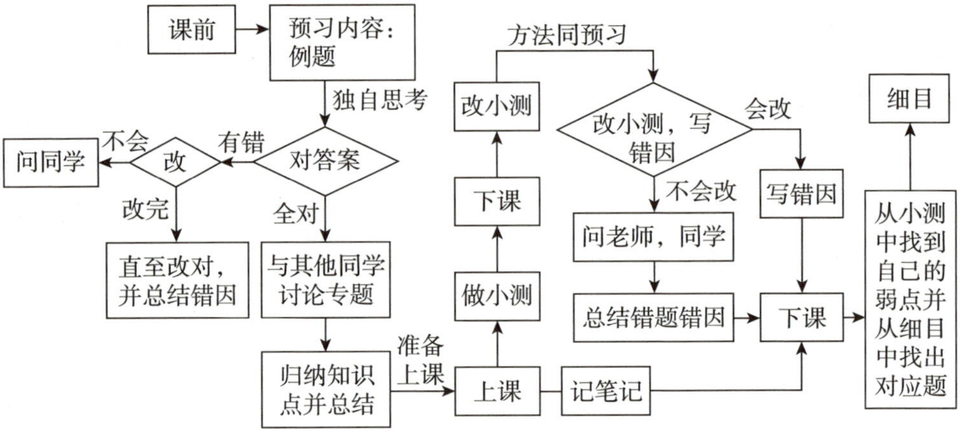

图3　某生数学学习流程

我们给学生提供了这样一些帮助：我们不让他做题，让他去阅读，同时做适当的摘抄；让他用新学的单词编故事；从一周所读文章中，选择一篇写简短评论，之后与老师探讨。

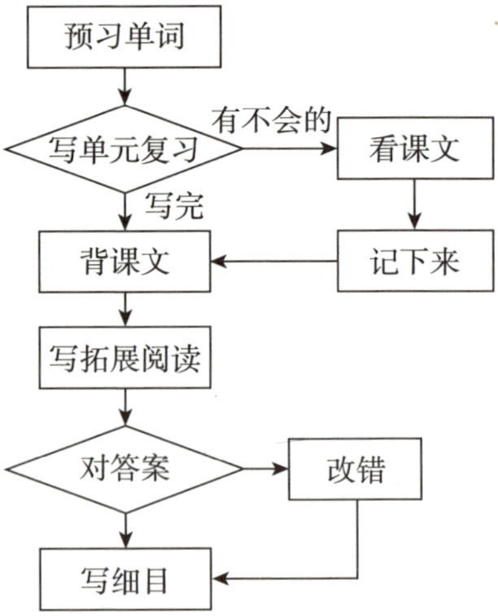

图4　某生英语学习流程

随着学生的不断成长，我们看到学生的需求也从外在需求变成内在需求。当学生不断取得进步的时候，我们就发现我们作为年级老师要想很好地引导学生，存在一定的困惑。所以我们尝试采用联盟制。我们的年级里面有四个这样的联盟，有五六个老师来给 80 个学生进行各种各样的学习指导、心理疏导以及生涯规划辅导。

从管理物品到改变课堂，我们要做的其实是帮助学生管理他们的行为、管理他们的内心。我一直在想，谁领导我们老师内心的成长呢？作为年级主任，我一度以为我是可以领导的，现在我发现，是学生的个性化成长领导了老师内心的成长。

好，谢谢各位！

实话实说

／

崔永元对话

李亮、邢凤玉

／

崔永元 ／ 邢老师，您在课堂教学的过程中，怎么让学生有这样的感觉，就是觉得老师这堂课就是给我上的？

邢凤玉 ／ 第一，你要非常熟悉你的学生，知道他的特点是什么。第二，你一定要在课前做大量准备工作。这样，学生在课堂上需要什么，你都可以及时地给他送上去。学生提的所有问题你都能立马给他解决掉，而且能够给他呈现一个很现成的东西，学生就会觉得这节课就是给他上的。

崔永元 ／ 我特别好奇一件事，有没有出现过学生问您问题您回答不上来的情况？

邢凤玉 ／ 出现过很多次。

崔永元 ／ 遇到这样的情况怎么办？

邢凤玉 ／ 我教您一个绝招。您就让学生先回去自己研究研究，课下您再查一下资料。

崔永元 ／ 这个我知道，我现在也当老师，这就是我的口头禅。

邢凤玉 ／ 或者您告诉他"你可以到网上先查一查"。

崔永元 ／ 这个其实是一个新问题。我记得我上学的时候，每位老师都有一本教辅，就是教学辅导材料，那个是学生看不到的。我觉得当时的老师就是靠这本书吃饭的。现在不行了，网络非常发达，有时候孩子们知道的比老师还多。我们老师就不大容易在他们面前树立权威了。

邢凤玉 / 我觉得老师们都应该认可一个观点，那就是师生平等。有一句话是“弟子不必不如师”。现在很多学生确实比我们老师知道的东西更多。老师可能在你教的学科里面比学生多知道那么一点儿，但随着时间的推移，你多的那一点儿知识可能会老化。所以，我觉得老师们第一要不断学习，第二要摆正自己的位置，不要高高在上。就像刚才李亮老师说的，我们有时候也要仰望学生。

崔永元 / 您说的这个话也包括对自己的孩子，是吗?

邢凤玉 / 我觉得所有孩子都是这样。他们有时候真的比我们厉害很多。

崔永元 / 今天您的孩子也来了，他马上要上台给您献花。

邢凤玉 / 好。

崔永元 / 我们大家一起见证这个温馨的时刻。(邢凤玉儿子献花)

请你为大家描述一下妈妈在你心目中是什么样的形象。我提醒一下，我们以往采访的时候，经常会有人痛哭流涕，说妈妈多么不顾家。我们觉得这都是老一套了，今天不说这个，说这个以外的。

邢凤玉儿子 / 我心目中的妈妈是一个非常伟大的人。她给予了我满满的关爱。我也是十一学校的毕业生，所以我很清楚十一学校的变革，我也从这些变革中得到很多益处。

崔永元 / 你会跟母亲一起探讨各种教育问题吗?

邢凤玉儿子 / 偶尔会说一下。

崔永元 / 我觉得你的这个角度特别好，你既是儿子，又是学生。你可以从学生的角度反映问题。

邢凤玉儿子 / 我从初中到高中，是看着十一学校经历了从行政班到选课走班这样一个大的变化。

我之前在行政班的时候，不仅仅是我自己，我有很多同学都认为那种教育体制是有问题的，但是因为我们没有经历过高考，所以我们没有资格，也没有能力去改变这个事情。

崔永元 / 你觉得十一学校的改革怎么样？

邢凤玉儿子 / 我觉得这是一个非常大的改变，我觉得非常好。我觉得可以说前无古人。

崔永元 / 你以前有班主任吗？

邢凤玉儿子 / 我以前在初中时是有班主任的。

崔永元 / 后来在学校实施改革以后就只有导师了？

邢凤玉儿子 / 对。

崔永元 / 班主任跟导师的差距是非常大的吧？

邢凤玉儿子 / 对。

崔永元 / 你会不会选择不教你课的老师做你的导师？

邢凤玉儿子 / 我觉得只要这位老师的个人魅力足够大，我就会选择他做我的导师。

崔永元 / 我们现在谈一点儿轻松的话题，好吧？

邢凤玉儿子 / 好的。

崔永元 / 你早恋了吗？

邢凤玉儿子 / 没有。

崔永元 / 为什么不试试呢？

邢凤玉儿子 / 可能因为家里管得比较严吧。

崔永元 / 我们现在一说早恋大家都在笑，在我们上学的时候要是早恋就完了，一是家长会打，二是老师要打，那个时候早恋是天大的事。现在的孩子好像能跟老师敞开心扉去谈这个事了。李亮老师，会有学生主动和你说，他恋爱了吗？

李　亮 / 一般来找我的时候都是吹了、掰了、有问题了。

崔永元 / 其实我还挺保守的，我真的不知道现在中学生都已经这样了。我们的老师和校长做好准备了吗？

李　亮 / 应该说我们正在努力。

崔永元 / 我听得出您对这件事特别宽容，为什么会这么宽容呢？我记得过去我们老师给我们讲的是，哪个年龄段就干哪个年龄段该做的事。

李　亮 / 是啊。

崔永元 / 他说，十八九岁的孩子还没到谈恋爱的时候。

李　亮 / 您说得太对了，但那是10多年以前的说法。

我因为做教育顾问工作，经常需要拜读《中华人民共和国婚姻法》，我发现法律中规定，女孩子在20周岁就可以结婚了，而我们高三毕业生普遍达到18周岁了，所以高中生谈恋爱不仅是合情、合理的，而且是老师们必须面对和接受的。

崔永元 / 过去科学家说高中生不适合谈恋爱是因为他们心理不成熟。

李　亮 / 随着社会的进步，学生的营养状况得到了极大的改善，孩子们普遍早熟。

崔永元 / 邢老师，您的儿子非常优秀，您担心他早恋吗？

邢凤玉 / 如果他真的出现早恋现象，我可能会告知他底线在哪里。

崔永元 / 讲过吗？

邢凤玉 / 偶尔地渗透过一点儿，没敢讲得太直白。

崔永元 / 您是愿意还是不愿意孩子早恋呢？

邢凤玉 / 我比较淡定，他早恋我能面对，他没有早恋我也觉得挺好，可以专心学习。

崔永元 / “可怜天下父母心”就是这个意思，他18岁谈恋爱你着急，他28岁不谈恋爱你更急。

在座的老师们都向会场上的老师们做一个自我介绍吧。

王春易 / 各位老师，大家好！我是十一学校的生物老师，我叫王春易。2012—2015年这三年，我跟李亮老师在同一个学部，我们是同事。

崔永元 / 王老师在第一届“课堂里走出教育家”做过演讲。

李悠悠 / 各位老师，大家好！我是李亮老师的女儿李悠悠，我初中和高中都在十一学校就读，现在已经工作了，从事金融行业。

马丽秋 / 各位老师好，我是李亮老师的妻子，我叫马丽秋，我也是一名老师。

崔永元 / 李悠悠，你现在已经工作了，跟学校拉开了一点儿距离，对学校的评价应该更客观。

李悠悠 / 我对十一学校是非常有感情的。我就读的时候学校还没有实行教育改革，但是我觉得那个时候已经有改革的基因了。我们毕业生走到社会上之后，包括初中毕业同学再到其他学校去上高中，都感觉自己和别人有一些不一样。

崔永元 / 我特别想听听这个“不一样”。

李悠悠 / 我们不太愿意遵守规则，或者说我们没有那么容易被规则打败，我们非常愿意展示自己的个性。十一学校的校训是“思方行圆”。我们的思想是有规则的，我们知道怎样表达自己。我的同学们都从事着各自非常喜欢的有意思的工作，我觉得这是在十一学校这几年的校园学习生活带给我们的财富。

崔永元 / 那会不会让单位的领导觉得你特别刺头？

李悠悠 / “思方行圆”嘛，我们的行动肯定符合规则，但又在规则中让自己获得最大程度的自由。

崔永元 / 你觉得学校的教育对你性格的形成起了多大作用？

李悠悠 / 我爸爸妈妈给我的教育和十一学校的教育思路是一样的，所以我觉得家庭的影响和学校的影响各占一半。

崔永元 / 你的父母都是教历史的，你应该有很多时间可以和他们讨论各种社会现象吧？

李悠悠 / 他们两个都是历史老师，经常会在饭桌上就一个历史话题展开讨论，我几乎就是听着这种讨论长大的。比如我们去看电影，我妈会从一个历史的高度给我讲为什么会发生这样的事情，这个电影表达的主题是什么。有时候我也会问我爸历史是过去的东西，历史有什么用？我爸会像今天演讲中所讲的那样，告诉我要从一个历史的角度去看整个世界，去反思自己，学习经验。

崔永元 / 你现在做什么工作？

李悠悠 / 我做金融投资类的工作。

崔永元 / 从历史的角度来看，金融投资跟金融投机有什么区别？

李悠悠 / 投资和投机有的时候可能是不好区分的。我作为一个年轻的从业人员，希望利用自己的专业知识给投资者带来更好的投资价值和投资机会。

崔永元 / 每次跟这些孩子面对面地交流，跟他们聊天，听到他们的观点时，老师们都是最舒服的。因为他们表现得很优秀的时候，我们总觉得有我们的功劳。王老师跟我们分享一下，是不是这样？

王春易 / 真是这样的。听到孩子说出那么有思想的见解，我感到非常欣慰、非常自豪。实际上，我更想表达的是，在任何一所学校都会有一些有问题的孩子。在十一学校开放的办学模式下，我们努力做到师生平等，孩子特别鲜活地呈现在教师面前。尤其是推到李亮老师那儿的学生，真的就不那么让人欣慰和欣喜。我们会情不自禁地爱品学兼优的孩子，但到李亮老师那儿的孩子很多都是一般老师搞不定的孩子。

崔永元 / 用个粗暴的名词叫“问题少年”。

王春易 / 有点儿那个意思，面对这样的孩子，教师还要一如既往地尊重他们、信任他们，这是一件很难的事。

崔永元 / 学校为什么会把这样的孩子集中推给李亮老师呢？

王春易 / 并不是集中，十一学校现在每位老师都是教育者，但是总有一些孩子的问题成因相对比较复杂，一个年轻老师可能经过几轮的交流、沟通效果仍不太好，那么这个时候我们会有一个教育教学经验比较丰富的老师来帮助他。

崔永元 / 您跟李亮老师经常搭档，对他的过往可能也比较熟悉。他年轻的时候，比如他当学生的时候，是一个省油的灯吗？

王春易 / 我认识他的时候，他已经是一位很优秀的老师了。

崔永元 / 通过与同事闲谈等途径您应该可以知道他以前的事吧？

王春易 / 我推测一下，他对那些我们认为不太好对付的孩子这么宽容，也许是因为他在他们身上看到了自己的影子。

崔永元 / 我也推测一下，我觉得他小时候不是个省油的灯。为什么呢？因为中央电视台曾到十一学校采访，当时就采访了李亮老师。他对着镜头说了这样一段话：“我们校长说要把十一学校建成伟大的学校。我想问，你是一个伟大的校长吗？”这是一个省油的灯说的话吗？

李　亮 / 是，这是我说的。

崔永元 / 如果有学生说这样的话，肯定得交给您负责了。这样的孩子多不多？

李　亮 / 越来越多。

崔永元 / 其实有好多人还说，越是这样的孩子，长大越有出息。

李　亮 / 您真说对了。很多老师可能现在还没有发现这个秘密，那就是那些你感觉特别与众不同、特别能折腾的孩子，身上真是有一股常人不具备的邪劲。他们敢想敢做，敢于尝试。

崔永元 / 这样的孩子也时刻面临着风险，因为他在成长过程中道路太多，像爬山虎一样，不知道会被哪股力量拽走。我们需要时刻关爱他们，但是又不能控制他们。

李　亮 / 对。

崔永元 / 这个分寸很难拿捏啊。

李　亮 / 有一个比较好的词就是“引领”。在我们学校，学生从一入校起，我们“引领”就用得特别多。我们的“引领”其实是告诉学生，离他最近的正确道路有几条，不正确的道路又有几条。这个“引领”实际上是一种心灵上的指导和辅导，而不是牵着他的鼻子往前走。

崔永元 / 这样做老师，可能要比过去多花费很多精力，效率还比较低。

李　亮 / 过去的那种体制也有一个弊端，那就是学生的心理问题和行为问题多数都推给班主任了，所以班主任就会特别累。转型以后，学生的问题暴露得多了，我们老师的任务也多了，但是做事的人也多了，原来是一个班主任做的事，现在我们大家一起来做。像我和王春易老师所在的年级有四十多位老师，大家分为十来个项目组，每个人都负责一部分工作，一般的学生问题大家努力解决，有特殊问题的学生被送到我这儿来。

崔永元 / 这些项目组都叫什么名字呢？

李　亮 / 白天自习管理项目组、晚间自习管理项目组、学生社会实践管理项目组等。

崔永元 / 其实您说到第三个的时候，我就想到北京动物园了。

李　亮 / 我们以前有一个项目组叫“卫生管理项目组”，后来改名叫“天使行动”，意思是希望每个教室里都有几个小天使。

崔永元 / 不要小看这一点儿改变。

李　亮 / 是啊。

崔永元 / 我觉得小至一所学校，大至一个政府，做事时也许把说法改改，大家的心气就会顺很多。

李　亮 / 太棒了，我接受您的建议。

崔永元 / 邢老师，有这样一个问题，我们除了要面对所谓的问题少年，可能还要跟问题家长打交道。现在的家长跟过去的家长不一样，现在的家长就盯着一个孩子。现在的家长保护起自己的心肝宝贝来，可是不遗余力。您经常遇到这样的家长吗？

邢凤玉 / 会遇到，但是不是经常。

崔永元 / 您愿意用一个词描述一下这些家长吗？比如说“胡搅蛮缠”？

邢凤玉 / 我觉得“胡搅蛮缠”这个词好像不太合适。换一个角度去想，家长毕竟只有一个孩子，所以他站在自己孩子的角度跟教师提出一些要求，我觉得也是可以理解的。

崔永元 / 李老师跟一个孩子沟通都要花那么长时间，如果您要跟一个家长打交道，那要花的时间就更长了。

邢凤玉 / 我跟家长沟通的时间，好像没有“漫长的道歉”故事中那么长。家长都是关心自己孩子的。当老师站在孩子的角度去和家长谈时，家长就比较容易接受。但是如果老师站在学校的角度，站在管理的角度，他就不容易接受。所以我觉得跟家长沟通的时候，老师站的位置很重要，我们要多换位思考。

崔永元 / 周老师跟我们分享一下吧。周老师，我们的工作是跟一群处在青春期的孩子打交道，您觉得这是不是一种幸运？

周志英 / 能跟孩子们在一起，天天看着他们，我真的非常高兴，我的办公室就在教室里面。

崔永元 / 这个在座的老师们都知道吗？你们到十一学校去参观过了吗？

周志英 / 实行选课走班之后就有专门的学科教室了，每个老师的办公地点就在这间学科教室里面。

崔永元 / 就是说老师没有自己的办公室了，办公室就在教室里。我去看过，只有一个桌子在那儿，学生随时能找到您。

周志英 / 学生走进教室后，会围在桌子面前叽叽喳喳说几句，然后再走到自己桌子前开始学习。那种感受真的像自己的孩子。

崔永元 / 讲台也没了，是吗？

周志英 / 没了。

崔永元 / 十一学校的老师们在经历这个变革的过程中，心里的槛估计也是很难过的。没有了讲台，没有了办公室，又当不了班主任，没有那么大权利去管学生，老师们的思想是不是也挺动荡的？

周志英 / 在实行选课走班之前我们做了大量预案，我们预想了学生会遇到的各种困难，唯独没有想到我们自己会出现问题。其实像刚才邢老师分享的，我们帮学生做好规划、引领到位了之后，孩子们迅速地适应了选课走班。当学生出现问题的时候，我们老师反而会不自觉地想用老办法来解决新问题。

崔永元 / 第一次上课没有讲台时，您自己适应不适应？哭没哭？

周志英 / 哭倒没有哭，我的那种不适应迅速被学生在实施选课走班后的幸福、快乐、真实赶走了。

崔永元 / 已经有好几位老师和我们分享了十一学校改革的经验了，底下有很多老师会说，我们不具备这样的条件。您个人怎么看这个问题？十一学校的经验能推广吗？

周志英 / 我觉得任何一所学校都不要完全复制十一学校的经验，应该走具有自身特色的道路。十一学校最宝贵的经验是将“以学生为本”落到了实处。只有我们老师真正从学生的实际情况出发，所有事才能做好。有讲台，你的心里面也可以装着平等的学生；没有讲台，如果你仍是高高在上，你心里面的讲台永远也推不倒。

崔永元 / 邢老师，我现在走到哪儿都给大家讲北京十一学校。有很多人反驳我说，我们没有十一学校那样的条件。很多人认为十一学校是条件很优越、很特殊的学校。

邢凤玉 / 我们在实行选课走班后，许多来参观的人也说十一学校的硬件条件有多好，十一学校的老师有多厉害。其实我想说的是，如果时间能往前推的话，我们的老师跟其他老师是一样的。实际上我觉得硬件和老师都不是最重要的，最重要的应该是一种理念——认可学生，把学生放在最重要的位置。我觉得这一点是最最重要的。刚走进十一学校的老师，水平可能也不是那么高，但是在十一学校校园里面经过几年的锻炼，就会产生这样一种教学行为的改变。我们知道，有一些学校外部环境并不高大上，他们也在实行选课走班，因为他们有这种理念。老师基本上还是原来那些老师，但是当学校实行选课走班以后，从老师嘴里面说出来的话和过去就不太一样。实际上人的观念改变以后，他的行为自然就会发生改变。

崔永元 / 让您的孩子说说，高考准备考哪所学校呢？

邢凤玉儿子 / 准备考武汉大学。

崔永元 / 想学什么专业？

邢凤玉儿子 / 具体专业还没有想好，正在考虑。

崔永元 / 你更倾向于哪个方面？

邢凤玉儿子 / 更倾向于人文方面的。

崔永元 / 毕业以后想做什么？

邢凤玉儿子 / 毕业以后我可能会去做老师。我的父母都是很优秀的教师，我觉得我走这样的路会更容易一些。我也想为中国的教育做出自己的贡献。

崔永元 / 我想给你泼泼冷水。在这个社会上，教师不是一个最棒的职业，因为做教师很难出名，也挣不了大钱。

邢凤玉儿子 / 我觉得这些都不重要。我认为现在的教育制度还存在着一些问题。我想通过自己的努力，带来一些改变。

崔永元 / 你给我们描述一下，等你当教师的时候，学校应该是什么样的？

邢凤玉儿子 / 其实十一学校和我理想中的学校已经非常接近了，就是让学生们当家做主，学生可以在课余时间选择自己喜欢的课余活动。比如我在某个方面比较擅长，学校就刚好有这方面的活动，可以帮助我发展这项特长。

崔永元 / 我们说的是设想，不一定能成功。你这个设想应该让大家听后热血沸腾吧？比如说是不是永远不用考试？

邢凤玉儿子 / 我希望考试可以稍微少一点儿，自由度能够稍微高一点儿，老师们能稍微温柔一点儿。

崔永元 / 对。你当校长的时候会不会取消高考？

邢凤玉儿子 / 如果我真的有这个能力，我是想取消的。但是当前不太可能实现，就是心里的一个梦想吧。

崔永元 / 那大学能不能没有围墙？

邢凤玉儿子 / 可以。

崔永元 / 大学应成为所有居民学习的天堂。

邢凤玉儿子 / 我觉得对学生而言，一所学校最重要的是学习的氛围，其他的硬件和软件并没有那么重要。看见同学们都在学习，我也会自觉地学习。

崔永元 / 谢谢。李老师，我们希望全国多出现一些像十一学校这样的学校，其他学校的老师也能像十一学校的老师那样干得这么舒畅，其他学校的孩子也能像十一学校的孩子这么有智慧。但是您知道，各地的基础设施、教育投入、师资力量完全不一样。

李　亮 / 是这样的。

崔永元 / 这个问题该怎么解决？

李　亮 / 实际上我们在 2012 年也是大胆地走出了第一步，决策层敢于吃螃蟹，敢于尝试。不走这第一步，永远没有下一步。再好的条件也无法让人十分满意，所以我建议全国的老师们，根据自己的情况，结合先进的教育理念，能够做多少就做多少，现在就开始，否则就没有教育的未来。

崔永元 / 您刚才在台上讲的时候，听课的老师们情绪都还是挺稳定的。您说到一个地方他们激动了，就是您说了一个数字，说班上有24个学生，有12个上了北大、清华，我看现场观众有一些躁动。这说明什么？说明大家还是用结果衡量一切。有些老师会说，十一学校就是站着说话不腰疼，你的生源好，你的师资好，你的孩子都能考上那么好的大学，你们当然可以胡折腾了。我们不行啊，如果我们的升学率出现问题，没有人会饶过我们。怎么做才能既释放孩子们的天性，让老师们教得愉快，又能保证学校的升学率？

李　亮 / 您问到关键的地方了。目前社会对学校的评价，最重要的指标还是高考的结果，我们也不能免俗。所以，我们十一学校在说明我们教育结果的时候，也会用这样一些数字。我们这个结果，不是在原来那种常规教育方式下产生的结果，我们目前已经形成了这样一种状态：孩子们在高一、高二的时候，是天真烂漫、活泼开朗的，我们有适合学生需求的各项活动。就像刚才这个孩子说的，当他希望做什么事的时候，学校就有这么一门课，就有这么一个地方，有人帮他，有人引领他。我们正朝着这样一个目标努力。但是我们的孩子到了高三时，我们会适当地收一收。高三也是选课走班，但是我们在课上会朝着高考的要求做一些工作。经过两年的学习我们的学生已经具备了很好的素质，所以我们在高三收一收、练一练，目标更明确，孩子们的成绩很快就会提高了。

崔永元 / 换个角度来看这个问题，是不是孩子们比我们想象中更聪明，他高中三年实际上有一年努力就够了？

李　亮 / 我觉得可以这么说。

崔永元 / 前面两年并不是放松，而是培养他的兴趣和独立学习能力。

李　亮 / 是的，到了高三的时候，我们的学生如果不去参加高考，而去参加一个其他的考试，他一样能够考得很好。

崔永元 / 马老师，我们教历史或者是教政治，实际上跟时政的关系特别密切。社会上每天发生这么多惊心动魄的事情，孩子们都想有一个答案，他们会向老师提出来，您会回避吗？

马丽秋 / 不会回避。

崔永元 / 那都能回答吗？

马丽秋 / 有一些能回答的会马上回答，有些不能马上回答的，我会和学生再共同思考一下。我是历史老师，我可能会给学生提供来自不同方面的第一手材料，尽量还原事件的本来面目。在这个过程中，我和孩子们共同思考。

崔永元 / 也就是说，您不愿意把它简单化处理。

马丽秋 / 对。

崔永元 / 能不能跟孩子说："你关心那个干什么，高考也不考。"

马丽秋 / 我们不能这样回答学生提出来的问题。现在的学生所处的环境和我们上学的时候不一样，我们那个时候学生可以说是一个家庭人，一个学生人，但是现在的学生，我觉得他们虽然没有完全走向社会，但是他是在从一个学校人向半社会人过渡。

崔永元 / 现在的学生社会化程度比我们上学的时候要高。

马丽秋 / 对，高很多。

崔永元 / 王老师，我每次主持这个活动就感觉在十一学校当老师心情特别好，但是看到全国各地来的老师们，我相信他们不是每个人心情都是愉快的，不是每个人都能在这个岗位上找到荣誉感。我希望您能对他们说几句话。工作中有不愉快，或者是不那么圆满，我们为什么还要坚守这个职业？

王春易 / 在十一，我们有非常快乐、非常喜悦的时候，但我们也承受着很大的压力。我不想劝老师们都要坚守这份工作，反而觉得你要评估你自己：你是不是真正爱这个工作，你是不是真的喜欢跟孩子在一起，你是不是真的觉得在这个工作中你获得了巨大的喜悦、巨大的快乐。如果你觉得有这样的心情、有这样的想法，那么你即使连续工作 12 个小时，也不会觉得辛苦；如果你不是那么爱这个工作，或者你觉得你的性格、气质不是那么适合这个工作，在今天这样一个多元的社会里，我并不鼓励每一位老师都要坚守这份工作。我是这样理解的。

崔永元 / 喜欢一个职业最重要的是你能体会到这个职业带给你的快乐，其他一切都不足以让你留下来做这个职业，快乐是第一位的。

现在我提议现场观众给最后一位发言的嘉宾一些掌声，我们一起听听明天的学校会是什么样的。

李悠悠 / 我理想中的学校，就像您说的那样，应该是没有围墙的，不是一个简单的封闭环境，我们可以选择在这里学习，也可以选择在家里学习。未来的学校应该提供哪些东西呢？第一，我认为它应该提供朋友。学校毕竟是一个公共场所，它是人与人交往的场所，我希望学生在学校可以找到一辈子志同道合的好朋友，然后学会与人去交往，学会尊重别人，尊重自己。第二，我希望学校帮助学生挖掘出他这辈子最擅长和最喜欢干的事情。

崔永元 / 我们用了一个下午的时间分享，此时此刻全中国的很多年轻孩子正在准备过平安夜，这在几十年前也是不可想象的事情，因为这是一个洋节。我记得我们刚刚知道圣诞节的时候，是随着对它的批判一块儿接受的。现在的社会特别轻松、特别容易地接受了年轻孩子们过平安夜，过圣诞节。面对这些孩子，做教育的人应该多动脑筋，除了爱孩子，还应该有更多好的办法跟孩子们交流和打交道。

教育是一个国家最重要的事，如果教育做不好，这个国家、这个民族就没有明天。我们一起努力，谢谢大家的参与。明年再见，谢谢!

编后记

课堂造就了教育家

/

沈祖芸

/

把自己深深地扎根于十一校园，并永远保持一个观察员的视角与心态，做出这样的行动选择源于李希贵校长与我刚见面时的一句话：“你很懂教育，但你或许并不懂学校。”当时，我非常不服气，心想：“我每年要走进一百多所学校，记录和见证一所所学校的变革，怎么还说我不懂学校呢？”

憋着一口气深入校园，深入一位位教师真实的课堂中，我才明白，教师们是如何在一次次情非得已的选择中，依然拷问着自己内心的学生观；我才明白，在非常理想和特别现实之间，教师需要具有怎样的平衡智慧才能让每一位学生不仅赢在当下，更胜在未来；我才明白，教师在时间有限的教学过程中，该如何展开设计才能让学生从有限走向自主学习的无限；我更明白了，“以学生发展为本”理念不在于口号，也不仅在于看得见的环境，而在于内心，在于在“关起门来就可以自己做主”的天地中依然用执着的探索与自我突破的变革让学生拥有人生只有一次的中学时代……

这就是“良心”；这就叫“信念”；这才是真正的“师爱”！

“课堂里走出教育家”是北京十一学校在学校转型的重要阶段，在学校以集体之名荣获首届基础教育国家级教学成果奖的大背景下搭建的展示平台。

平台的搭建基于这样的理念。

1. 产生教育家的土壤一定是在课堂上，因为课堂才是一个教师离学生最近的地方。任何不太与学生打交道的人都永远成不了教育家。一个民族的教育是否成熟，其标志就是课堂上是否锻造出一位位教育家。

2. 教师本身就是最大的课程资源。这个时代需要一批坚定而正义的教师传播良心、传递信念、诠释师爱。

3. 通过对实践经验的提炼与萃取，揭示“不育人无法教书”的教育本质，每一位教师都在自己的课堂上立德树人。

从 2014 年到 2016 年，“课堂里走出教育家”共推出了北京十一学校的 11 位教师，我们通过搭建全国层面的展示平台，通过设计名师与名人对话的重要环节，通过创造偶遇的惊喜时刻，确定了“课堂里走出教育家”的基本元素：分享（在与全国同行的分享中反思实践）、崔永元（由“名嘴”访谈带来接地气的社会影响力）、感恩（体会教育工作的价值与意义）。

值此《课堂里走出教育家——崔永元与北京十一学校优秀教师“实话实说”》出版之际，我们要特别感谢为传播这样的教育正能量竭尽全力的幕后工作者。

我们感谢北京十一学校教育家书院的老师们。每一场活动都要经历大半年的对话、梳理和提炼的过程，教育家书院组织了学校内众多教师参与提炼，将筹办活动的任务驱动转化为校本培训与教师专业成长的宝贵契机。

我们感谢徐晖团队摄制组。他们长期蹲守在十一校园，捕捉教师们最常态的课堂，记录下教师们的喜怒哀乐和夜以继日的付出，并制作了一部部感人至深的“教育家”纪录片。

我们感谢崔永元先生。他本着一个媒体人的良知、对教育工作者的理解和改变这个国家未来的志向，承诺担任每一次活动的主持人，并在百忙中参与活动的设计，使得教育专业话语体系一次次转化为一种让社会可学、可及、可理解的接地气方式。

我们感谢源创图书的编辑们。他们敏锐地感知教育需求，通过无数个日日夜夜的整理完善，既还原了真实、幽默、深刻、温暖的现场气氛，又让即兴对话更加富有逻辑，更能让教育同行获得启迪。

我们更感谢北京十一学校的11位“教育家”和身后的每一位“十一人”，没有他们贴着地面飞行的理想主义，没有他们怀着对未来的心驰神往，没有他们愿意为学生而改变的坚定，就无法托举起11位“教育家”代言者！

我在十一校园里，每天感染着教育生长的力量；我也真诚地期待每一位读者从本书中读到真实、读到规律、读到一个教育工作者永葆理想时的那份最美丽的姿态！

图书在版编目（CIP）数据

课堂里走出教育家：崔永元与北京十一学校优秀教师"实话实说"/沈祖芸，杨雄主编．—北京：中国人民大学出版社，2017.10
ISBN 978-7-300-24797-7

Ⅰ．①课…　Ⅱ．①沈…　②杨…　Ⅲ．①中学教师—访问记—中国—现代　Ⅳ．①K825.46

中国版本图书馆 CIP 数据核字（2017）第 197277 号

课堂里走出教育家：崔永元与北京十一学校优秀教师"实话实说"
沈祖芸　杨　雄　主编
Ketang Li Zou Chu Jiaoyujia: Cui Yongyuan Yu Beijing Shiyi Xuexiao Youxiu Jiaoshi "Shihua Shishuo"

出版发行	中国人民大学出版社		
社　　址	北京中关村大街 31 号	**邮政编码**	100080
电　　话	010-62511242（总编室）		010-62511770（质管部）
	010-82501766（邮购部）		010-62514148（门市部）
	010-62515195（发行公司）		010-62515275（盗版举报）
网　　址	http://www.crup.com.cn		
经　　销	新华书店		
印　　刷	北京华宇信诺印刷有限公司		
规　　格	168 mm×239 mm　16 开本	**版　　次**	2017 年 11 月第 1 版
印　　张	11.75　插页 1	**印　　次**	2021 年 1 月第 4 次印刷
字　　数	170 000	**定　　价**	39.80 元